数字经济

商业创新与行业变革

吴明杰　张　腾◎著

電子工業出版社
Publishing House of Electronics Industry
北京·BEIJING

内 容 简 介

随着技术的不断进步和社会的快速发展，数字经济成为驱动经济发展的核心引擎。企业要抓住这一潮流，探索数字经济时代的新变革和新应用。本书聚焦数字经济，深度解析其带来的行业变革与商业创新。

在内容上，本书首先讲解了数字经济相关理论、技术赋能、构成要素等，便于读者对数字经济建立整体认知；其次从战略转型、组织转型、人才转型、品牌营销转型等方面讲解了数字经济驱动下的企业数字化转型；最后指出了数字经济时代几个主流的产业发展方向，包括数字制造、数字物流、数字零售、数字金融、数字医疗等。

本书内容丰富，理论知识翔实，同时融入了诸多实践案例，对企业的发展具有很强的指导意义。无论是企业管理者还是普通员工，都可以从本书中学到丰富的知识，指导自己的实践，推动企业进一步发展。

图书在版编目（CIP）数据

数字经济 : 商业创新与行业变革 / 吴明杰, 张腾著. 北京 : 电子工业出版社, 2025. 3. -- ISBN 978-7-121-49921-0

Ⅰ. F49

中国国家版本馆 CIP 数据核字第 202560Q07K 号

责任编辑：刘志红（lzhmails@163.com）　　特约编辑：王雪芹
印　　刷：三河市鑫金马印装有限公司
装　　订：三河市鑫金马印装有限公司
出版发行：电子工业出版社
　　　　　北京市海淀区万寿路 173 信箱　邮编　100036
开　　本：720×1 000　1/16　印张：12.75　字数：204 千字
版　　次：2025 年 3 月第 1 版
印　　次：2025 年 3 月第 1 次印刷
定　　价：68.00 元

凡所购买电子工业出版社图书有缺损问题，请向购买书店调换。若书店售缺，请与本社发行部联系，联系及邮购电话：（010）88254888，88258888。

质量投诉请发邮件至 zlts@phei.com.cn，盗版侵权举报请发邮件至 dbqq@phei.com.cn。

本书咨询联系方式：18614084788，lzhmails@163.com。

PREFACE 前言

随着人工智能、大数据等数字技术的不断迭代与应用，数字经济火热发展，其覆盖的领域也越来越多，包括数字制造、数字零售、数字金融等。基于数字技术的支持，数字经济展现出强大的生命力，成为驱动经济发展的核心力量。

数字经济发展呈现两大趋势。一方面，经济的数字化程度不断加深。数字技术逐渐渗透到各个领域，各产业数字化发展步伐加快，在这个过程中，产生了丰富的数据资源，驱动了以数据为生产要素的数字经济的发展。另一方面，数字经济与实体经济融合成为趋势。传统行业的数字化变革加深了数字经济与实体经济的融合，同时，各行业、各企业间的相互融合，助力了数字经济生态体系的构建。

数字经济为企业的发展带来了新机遇。其不仅能够变革企业的商业模式，为企业带来更多盈利，还能够提升企业运转效率，帮助企业创造新的价值。当前，很多企业都看到了数字经济带来的巨大机遇，纷纷进行探索。但在探索过程中，企业很容易遇到数据采集与应用难、数字技术能力不足、数字化转型困难等问题。

本书聚焦数字经济的发展与企业进行数字化探索的需求，详细讲解数字经济的理论与实践方法，为企业提供指导。

本书以上、中、下三篇内容对数字经济进行讲解。在进行探索之前，企业首先需要对数字经济有一个整体的了解。因此，本书上篇对数字经济的概念与数字经济多维观等理论，互联网、物联网等核心技术，劳动者、生产力、生产关系等构成要素等进行了详细讲解。

在数字经济蓬勃发展的大趋势下，企业数字化转型成为潮流。本书中篇从战略、组织、人才、品牌营销等方面，讲解企业数字化转型方法论。其中，融入了拼多多、招商银行、阿里巴巴等知名企业数字化转型案例，使内容更加丰富。

数字经济将指引产业发展方向，驱动各产业的数字化发展。本书下篇从数字制造、数字物流、数字零售、数字金融、数字医疗几个方面，讲解数字经济给各产业带来的变革。除了指出各产业的数字化发展趋势，本书还对其中潜藏的机遇、企业入局方向等进行了讲解，帮助企业梳理发展思路。

本书体系完整、内容丰富，涉及数字经济以及数字经济背景下企业数字化转型、产业发展方向等多个方面。通过阅读本书，读者可以更加全面地了解数字经济，掌握探索数字经济发展机遇的诸多方法，助推企业腾飞。

CONTENTS 目 录

上篇 数字经济激发时代变革

中篇 数字经济推动企业数字化转型

上篇

数字经济激发时代变革

第1章

理论剖析：以“三要素”看懂数字经济

作为新兴数字技术催生的全新经济形态，数字经济能够从技术创新、产业融合等方面促进经济高质量发展。在剖析数字经济时，我们可以从“看什么”“怎么看”“如何做”三要素入手，详细拆解数字经济的底层框架。

1.1 看什么：走近数字经济

数字经济是一种以大数据、人工智能等技术为基础，以数字资源为核心生产要素的新型经济形态。在拆解数字经济时，我们需要详细了解其定义、类型、全局趋势等，全方位了解数字经济的深刻内涵。

1.1.1 定义解析：数字经济及其特征

如何定义数字经济？杭州G20峰会（Group of Twenty Finance Ministers and Central Bank Governors，二十国集团领导人峰会）发布的《二十国集团数字经济发展与合作倡议》中对数字经济进行了定义：“数字经济是指以使用数字化的知识和信息作为关键生产要素、以现代信息网络作为重要载体、以信息通信技术的有效使用作为效率提升和经济结构优化的重要推动力的一系列经济活动”。这一定义获得了广泛认可。

基于大数据、人工智能等先进技术，数字经济将深刻改变传统商业模式，催生出新产业和新企业。其主要具有三大特征，如图 1-1 所示。

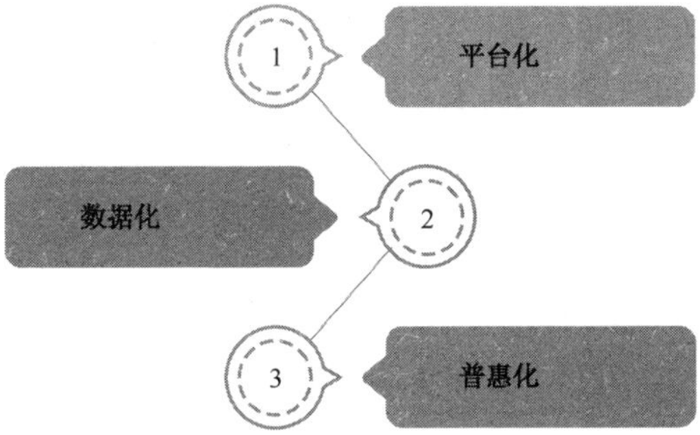

图 1-1 数字经济的三大特征

1. 平台化

平台是数字经济发展的基础。互联网的发展营造了新的商业环境，使得各行业能够通过平台直接联系消费者，大幅降低了营销成本。例如，电商平台为买卖双方的线上交易提供了交易平台和众多个性化服务，使企业可以聚集起庞大的用户群体，助力企业实现规模化的用户积累。

2. 数据化

数字经济的发展呈现出高度数据化的特征。数据是推动数字经济发展的核心要素，是数字经济时代新生产力的代表。大数据技术实现了企业数据的高效采集、存储与分析，让企业实现数字化、智能化运作。数据共享与整合、数据分析与人工智能技术的结合等，能够大幅提升数据的广度和深度，为企业建立新的商业生态提供支持。

3. 普惠化

数字经济普惠化指的是人人参与、共建共享，拓展了经济发展的边界和价值创造空间，实现了科技、金融、贸易等方面的普惠。

云计算是助推数字经济普惠化发展的一项重要技术。借助云计算，企业无须购买昂贵的软硬件产品，就可获得计算、存储和网络资源。同时，互联网、物联网等技术的成熟与普及，进一步推动了数字经济向零售、制造、医疗等多行业的渗透。

未来，随着数字经济与各种数字技术的融合进一步加深，数字经济将实现进一步的发展，覆盖更多的领域。

1.1.2 类型细分：数字经济的五大分支

当前，数字经济快速发展。庞大的数字经济规模背后，是数字经济的五大分支在共同发挥作用。

（1）基础型数字经济。这种类型的数字经济是指为数字经济发展搭建必要的技术和服务基础，包括网络基础设施（如宽带、5G 网络）、数据中心、云计算服务、物联网设施、网络安全体系等。

（2）资源型数字经济。这种类型的数字经济聚焦数据资源的利用，如对当前数据资源与潜在数据资源的利用。

（3）技术型数字经济。这种类型的数字经济指的是数字经济领域的前沿技术投入，以及基于技术转化产生的技术输出。

（4）融合型数字经济。这种类型的数字经济指的是数字技术与传统产业融合带来的经济增长，特指数字技术与第一、第二产业的融合。

（5）服务型数字经济。这种类型的数字经济指的是数字技术与第三产业融合所产生的经济活动，能够为消费者提供便捷、高效的数字服务。

在以上五大分支中，基础型数字经济、资源型数字经济是数字经济的基础，技术型数字经济是数字经济发展的驱动力，融合型数字经济、服务型数字经济是数字技术在各种领域落地应用的具体体现。

1.1.3 纵览全局：数字经济的全球大势

随着数字技术的深入发展、数字经济与实体经济的全方位融合，经济发展格局被重塑。要想抓住数字经济带来的发展机遇，企业就要把握数字经济发展趋势。具体来说，数字经济呈现出以下发展趋势，如图 1-2 所示。

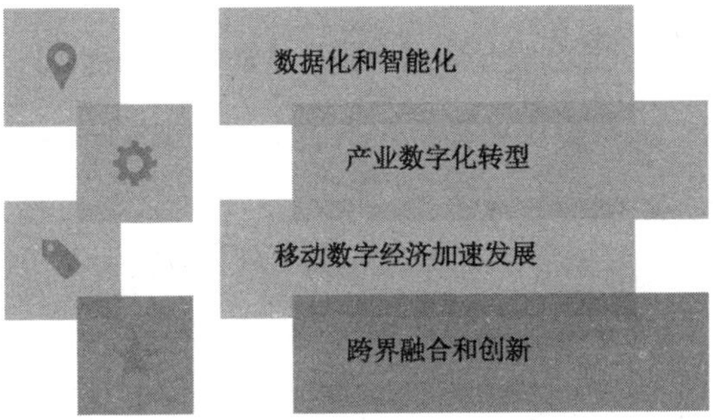

图 1-2 数字经济发展趋势

1. 数据化和智能化

数据是数字经济的核心生产要素。随着物联网、云计算等技术的落地应用，数据规模大幅增加、质量大幅提升，企业能够更好地进行数据分析工作，提高生产效率和创新能力。同时，人工智能、大数据等技术的应用也推动数字经济实现智能化发展。

2. 产业数字化转型

随着数字技术的广泛应用，更多产业将实现数字化转型。通过引入数字技术，传统产业能够实现运营数字化，提高运营效率和服务质量。零售行业的电商化演进、金融业对互联网业务的探索等，都体现了数字经济对传统产业转型的推动作用。

3. 移动数字经济加速发展

移动数字经济指的是通过移动互联网技术推动各行各业创新发展的经济模

式，是数字经济的重要组成部分。当前，移动数字经济已推动了线上医疗、线上教育的发展，为这些行业带来了新机遇。未来，随着移动互联网、移动支付、各种智能设备、移动应用的发展，移动数字经济将进一步繁荣。

4. 跨界融合和创新

数字经济的发展将进一步促进各领域间的融合和创新，传统的产业边界将进一步模糊。在数字技术的赋能下，共享经济、AR（Augmented Reality，增强现实）、VR（Virtual Reality，虚拟现实）等新业态催生的虚拟经济将成为数字经济的重要组成部分，在未来会高速增长。

1.1.4 华为：在数字经济领域不断实践

作为世界领先的通信技术解决方案供应商，华为在数字经济领域不断实践，推动数字经济快速发展。

一方面，华为在 5G 技术研发与应用方面具有领先优势，为数字经济的发展提供了基础设施。5G 技术带来更高传输速度、更低延迟的优质网络，使得无线传输更快、更可靠，促进了物联网、工业互联网等领域的发展。

另一方面，华为在人工智能领域的研发为数字经济的创新提供了支持。人工智能是推动数字经济发展的关键技术，而华为在人工智能方面具有深厚的技术积累和强大的创新能力。华为推出了包括昇腾处理器芯片、Atlas 服务器、昇思 MindSpore 计算框架以及盘古大模型在内的全栈全场景人工智能解决方案，形成了新的经济增长点，推动了数字经济的发展。

华为在数字经济领域不断实践，影响力不断扩大。华为与数百家运营商、企业用户、生态伙伴等建立了合作关系，共同推进数字经济的发展。华为的数字产品与解决方案遍及世界各地，受到了海量用户的青睐。其通过这种方式推进各企业的数字化转型，进而推动数字经济的发展。

同时，华为也在不断加强与数字经济领域的交流与合作，通过参与国际标准组织、行业协会等组织的活动，推进数字经济的发展。此外，华为还不断加深与各国政府、科研机构的合作，探索数字经济新项目，推动数字经济实现创新发展。

作为数字经济的有力推动者，华为在数字技术研发与应用、促进数字经济合作方面发挥着重要作用。通过技术创新与商业应用探索，华为为数字经济的发展提供了强大支持。未来，华为将继续进行技术研发与生态打造，进一步推动数字经济的长久发展。

1.2 怎么看：数字经济多维观

拆解数字经济，我们可以从宏观、中观、微观三个维度入手。从宏观视角来看，数字经济拉动了经济增长；从中观视角来看，数字经济产业政策不断增多，为数字经济的发展提供了支持；从微观视角来看，数字经济的发展影响企业的战略规划，促使企业积极进行数字化转型。

1.2.1 宏观视角：数字经济拉动经济增长

从宏观视角来看，数字经济成为推动经济增长的关键力量，持续拉动经济增长。

2022 年 11 月，《携手构建网络空间命运共同体》白皮书发布。白皮书显示，截至 2021 年，我国数字经济规模达 45.5 万亿元，在国内生产总值中的占比为 39.8%。2023 年 8 月，中国信息通信研究院发布的《中国数字经济产业发展报告（2023）》显示，截至 2022 年，我国数字经济规模超过 50 万亿元，在国内生产总值中的占比达到 41.5%。由此可见，数字经济在国内生产总值中的占比持续上升，已经成为驱动经济增长的重要引擎。

在拉动经济增长的过程中，数字经济还促进了经济结构的变革。在短期内，数字经济将赋能传统产业发展；但从长期来看，其将替代一些人工密集的行业，如对话式服务行业、翻译行业等。

数字经济的赋能效应与替代效应会在同一行业中出现。以制造业为例，基于各种数字技术与设备的应用，制造业的生产流程、生产管理等将实现数字化转型，这体现了数字经济的赋能作用。同时，随着人工智能、大数据等技术的发展和应用，制造业中的一些重体力、工作内容重复的岗位，如装配、物料搬运等将被智能应用替代。

在数字经济发展过程中，数据的价值日益凸显。拥有数据采集、数据挖掘、数据应用能力的企业将获得更好的发展，智能汽车、智能家居、智能医疗等领域涌现出一批高市值企业。同时，经营过程中能够产生大量数据资源的企业，如社交媒体、金融服务、制造等领域的企业，将获得借助数据实现资源增值的机会。

1.2.2 中观视角：产业政策不断与时俱进

从中观视角来看，近年来，与数字经济相关的产业政策陆续出台，为数字经济的发展奠定了政策基础，形成了数字经济顶层设计与地方细化政策结合的政策体系。

从顶层设计方面来看，2022 年 1 月，《“十四五”数字经济发展规划》出台，提出建设智能化综合性数字信息基础设施。2022 年 12 月，《中共中央 国务院关于构建数据基础制度更好发挥数据要素作用的意见》出台，表示要加快构建数据基础制度，发展数字经济。2023 年 2 月，《数字中国建设整体布局规划》发布，将构建数字经济体系和数字社会体系作为重点内容，进一步奠定了数字经济发展的政策基础。

在推进企业数字化转型方面，相关部门在 2020 年就发布了《关于加快推进国有企业数字化转型工作的通知》，对推动国有企业数字化转型做出全面部署。2022年，《中小企业数字化转型指南》出台，从增强企业转型能力、提升转型供给水平、加大转型政策支持三方面提出具体举措，加速推进中小企业数字化转型。

除了以上从整体视角出台的政策，针对数字经济发展的不同方向，同样也有多个政策出台。在金融方面，2022年1月，中国人民银行印发《金融科技发展规划（2022-2025年）》（以下简称《规划》）。该《规划》指出，要“推动我国金融科技从‘立柱架梁’全面迈入‘积厚成势’新阶段，力争到2025年实现整体水平与核心竞争力跨越式提升”。

2022年1月，中国银保监会办公厅发布《中国银保监会办公厅关于银行业保险业数字化转型的指导意见》，提出银行业保险业数字化转型总目标。2022年12月，财政部和银保监会发布《关于加快推进银行函证规范化、集约化、数字化建设的通知》，以推进银行函证规范化、集约化、数字化，提升审计效率。

在数字经济顶层设计方面，地方也出台了诸多指导政策，如广东省、江苏省、重庆市等地都出台了不少数字经济相关政策。以广东省为例，2022年1月至2023年3月，出台了十余项数字经济相关政策，“数字产业”“数字基础设施”“数字技术创新”等是其中的高频关键词。

基于自身发展优势与发展需求的不同，各地在响应国家层面的数字经济相关政策的同时，发展侧重点有所不同。经济较为发达、具有集群优势的地区，往往会依托经济集群优势，加快发展数字经济。例如，广东省凭借粤港澳大湾区优势，推进珠海“明珠惠企”、汕尾“全代办”等数字化项目落地。经济优势不足的非沿海地区，更倾向于数字基础设施的强化。例如，内蒙古自治区加速推进算力网络和5G网络建设，大力发展数字技术，提升经济社会信息化、数字化水平。

1.2.3 微观视角：数字经济影响企业战略

从微观视角来看，数字经济影响企业战略，推动企业战略发生数字化变革。当前，在数字经济大趋势下，已经有不少企业进行了数字化战略变革。

以宁波银行为例，宁波银行是一家涉及很多领域的城市商业银行，在数字经济背景下，其确立了“数字化转型、智能建行”的战略目标，并据此拆分了子目标，明确了实施方案。宁波银行基于数字技术的集成和应用，整合了银行的商业智能系统、营销系统、客户关系管理系统等，提升了管理效率和客户服务能力。此外，宁波银行借助移动互联网、物联网等技术，实现了与客户的多渠道连接，为客户提供细致、个性化的服务。

数字经济给企业带来了发展机遇，但也带来了挑战。企业需要积极变革战略，以适应数字经济时代的市场环境，最终实现长久发展。那么，企业应如何制定战略？

首先，企业需要制定完善的数字化创新战略，加强数字技术的应用。企业需要引入数字技术，以技术提高生产力。例如，人工智能、大数据等技术可以帮助企业实现智能化生产，提升生产效率。企业还可以借助数字技术更新业务，实现精准的个性化推荐，打造优质的定制化服务，提升用户的满意度。通过数字化创新战略和数字技术的应用，企业可以在激烈的市场竞争中站稳脚跟。

其次，企业需要制定完善的数据战略，以数据驱动业务，加强数据应用。在数字时代，数据成为企业的重要资产。企业需要实现海量数据的挖掘、采集和分析，将其作为经营决策的依据。根据数据分析结果，企业可以了解市场需求、用户行为、竞争对手动态等，制定更有效的市场战略。同时，企业也可以借助数据分析优化供应链管理，降低运营成本并提高运营效率。

最后，企业需要加强战略合作，寻找战略合作伙伴。企业可以与高新技术企业、科研机构等达成合作，共同研发新的数字技术和数字应用；与高校合作，共同培育数字人才。同时，在数字时代，数字平台成为连接企业与用户的重要纽带。企业也需要积极与数字平台合作，借助平台的资源更新服务、扩大业务范围等。

1.3 如何做：迎接新趋势下的数字经济

数字经济的发展改变了企业的发展环境，为企业带来了新的机遇与挑战。在数字经济浪潮下，企业需要积极拥抱数字技术并建设数字化基础设施，开发数据资源，为数字化转型奠定基础。同时，企业需要积极创新商业模式，以始终保持较强的竞争力。

1.3.1 建设数字化基础设施

企业要想跟上数字经济时代潮流，就需要积极拥抱数字技术，建设数字化基础设施。数字化基础设施能够帮助企业优化运营流程，实现业务流程、营销流程、管理流程等多方面的数字化升级，提升经营的敏捷性和高效性。

具体来说，企业需要建设以下几个方面的数字化基础设施，如图 1-3 所示。

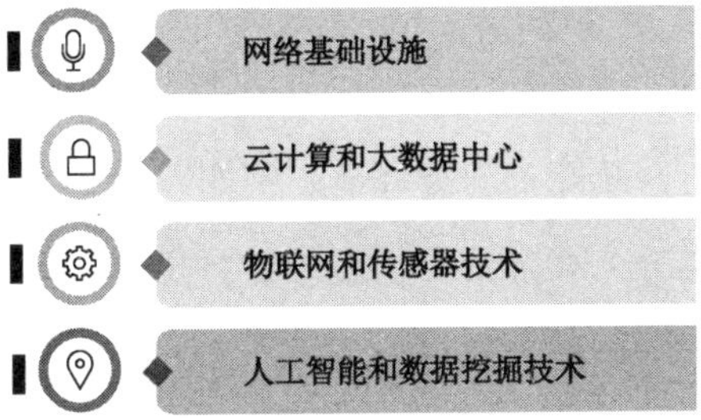

图 1-3 企业需要建设的数字化基础设施

1. 网络基础设施

数字技术的应用和企业的数字化转型离不开高速、稳定的网络。企业需要建设、升级网络基础设施，建设高速、稳定的数据传输网络，满足数字化业务的运作需求。同时，企业需要加强网络安全建设，保证自身的商业机密、用户的隐私等不会泄露。

2. 云计算和大数据中心

云计算和大数据是数字经济时代的核心技术。企业需要通过云计算和大数据中心获得必要的计算资源。借助这一基础设施，企业将具备强大的计算和存储能力，为数字化运营提供支持。同时，企业也可以借助大数据实现海量数据的采集与分析，让经营决策更加科学、合理。中小企业可以充分利用公有云计算平台，以较低的初始投入快速获取所需的计算资源。

3. 物联网和传感器技术

物联网和传感器技术是实现设备互联的重要技术。借助物联网和传感器技术，企业可以实现生产设备的互联互通，进而实现生产过程的实时监测和控制，提升生产效率和产品质量。同时，借助物联网和传感器技术，企业还可以对各种设备进行远程维护，降低运营成本。

4. 人工智能和数据挖掘技术

人工智能和数据挖掘技术是企业实现数字化运作的核心驱动力。企业需要打造强大的人工智能能力并赋能各业务环节。例如，企业可以在生产环节引入智能机器人、智能质检设备等，实现生产、质检的自动化；可以借助人工智能技术打造智能推荐系统，根据用户的喜好为其推荐产品；可以借助人工智能和数据挖掘技术实现数据智能分析，支持决策制定、预测未来趋势等。

总之，在数字经济发展趋势下，企业需要建设完善的数字化基础设施，为数字化转型奠定基础。在这个过程中，企业可以与数字化解决方案供应商合作，借助其强大的数字能力快速打造数字化基础设施。

1.3.2 开发更多数据资源

在数字经济时代，数据成为一种宝贵的资源。企业需要开发更多的数据资源，以实现数字化运营和价值增值。企业可以通过以下方法进行数据资源的开发。

（1）收集和存储数据。首先，企业需要确定需要收集哪些数据，并通过合适的方法收集和存储这些数据。例如，企业可以借助物联网和大数据等技术收集生产数据、市场数据、用户行为数据等，并通过数据库或云存储来存储数据。

（2）数据清洗和整理。企业收集到的原始数据往往会包含错误数据、重复数据等，因此需要对数据进行清洗和整理。企业需要通过去除重复值、处理异常值等操作，确保数据的准确性、完整性。

（3）数据挖掘和分析。企业需要利用机器学习、数据可视化等技术，对数据进行挖掘和分析。通过分析数据的关联性、趋势等，企业可以获取有价值的信息，为决策制定和业务优化提供支持。

（4）数据保护和隐私。在开发数据资源的过程中，企业需要保证数据的安全性和隐私性。企业需要通过适当的安全措施，如数据加密、访问控制等，保护敏感数据。

（5）数据驱动决策。企业需要将数据资源利用和决策制定结合起来，使决策更加科学。数据驱动决策可以减少决策中的主观性，提高决策的科学性，帮助企业发现新商机。

（6）持续优化和创新。开发数据资源是一个持续的过程。企业需要不断收集新数据，进行长期的数据挖掘与分析，以不断改进产品、优化服务、实现持续创新。

总之，开发数据资源需要综合运用数据收集、清洗、挖掘、分析等方法。同时，企业需要持续进行数据资源开发，不断积累数据资产。

此外，在开发数据资源时，企业需要依法做好相关会计处理。2023 年 8 月，财政部发布《企业数据资源相关会计处理暂行规定》，自 2024 年 1 月 1 日起施行。该暂行规定对数据资源作为资产入表进行了规范，强化相关会计信息披露。

数据资产入表是指将数据资源纳入企业资产负债表中的资产项目，在财务报表中体现其业务贡献。入表意味着数据完成了从自然资源到经济资产的转变。作为数字经济时代的核心生产要素，数据有望成为政企报表及财政等收入的重要支撑。

数据资产入表不仅充分彰显了数据资源的价值，推动企业加大对数据价值挖掘的投入，还有助于数据在交易流通过程中获得合理的定价，推动数据要素市场发展。

1.3.3 创新商业模式

基于数字技术的创新商业模式改变了企业的运作方式，不仅推动了新产品和服务的开发，而且重塑了市场竞争格局。传统企业想要在数字经济浪潮下生存和发展，就需要基于数字技术进行商业模式创新，增强自身的市场竞争力。

数字技术推动商业模式创新主要体现在以下几个方面。

（1）用户体验优化。数字技术使企业能够更好地了解和满足用户需求，通过使用大数据分析、人工智能等工具来提升用户体验。

（2）价值链重构。企业可以利用数字技术重构传统价值链，例如，通过自动化、数字化流程来降低成本和提高效率。

（3）新的收入模式。数字技术能够开辟新的收入渠道，例如，基于数字技术的新销售渠道、订阅服务、数据驱动的个性化服务等。

（4）生态协同关系。在数字经济浪潮下，产业发展环境日新月异，企业要连接外部资源，优化商业生态圈，与业务伙伴建立利益共享、合作共赢的生态协同关系，实现供应链管理的数字化协同，创造更大的价值。

数字技术快速发展，商业环境、消费者需求不断变化，企业需要持续创新商业模式以适应外界的变化，否则很可能被市场淘汰。企业需要主动拥抱创新，利用数字技术更好地了解和服务客户，以数据驱动运营效率提升，通过数字化转型促进生态协同。只有抓住数字经济发展的新机遇，占据领先优势，企业才能获得更好的发展。

1.3.4 特斯拉：数字化创新的先锋

特斯拉以制造新能源电动车起步，但其与传统的汽车制造商有着明显的区别。特斯拉的使命是“加速世界向可持续能源的转变”，通过持续推动数字化创新，从而成为全世界最有影响力的新能源公司。特斯拉的数字化创新主要体现在以下方面。

（1）直销模式。特斯拉采用直接面向消费者的销售模式，而非传统的经销商销售模式。这样可以更好地控制销售过程、优化用户体验，而且可以大幅降低销售渠道成本，让利于消费者。

（2）软件服务模式。特斯拉不仅制造电动汽车，还通过软件升级不断提升汽车性能。这一策略明显区别于传统汽车制造商，其收入模式从车辆一次性销售升级为向用户提供汽车全生命周期的服务。

（3）数据驱动的服务。特斯拉利用车载摄像头及传感器收集的大量数据来优化汽车性能，并提供自动驾驶创新服务。

（4）能源解决方案。特斯拉不仅是一家汽车制造公司，它还通过太阳能电池板、家用电池等产品成为能源解决方案提供商。

（5）持续创新。特斯拉持续推动技术创新，以保持在市场中的领先地位。例如，特斯拉不断提升电池的能量密度和续航里程，使相同体积的电池可以储存更多电能。

数字技术给企业进行商业模式创新带来了前所未有的机遇，但也带来了挑战。特斯拉的案例表明，通过持续创新和灵活适应市场变化，企业可以在数字经济时代取得成功。如今，越来越多的企业通过数字化转型重塑自己的商业模式。未来，将会出现更多像特斯拉这样的成功案例。

第2章 技术赋能：数字经济的核心驱动力

数字经济以数字化的信息为关键生产要素，以数字技术为驱动力。在数字经济发展过程中，互联网、物联网、云计算、大数据、人工智能等技术都起着重要作用，为数字经济的发展提供了强有力的支撑。

2.1 互联网：数字经济的基本载体

互联网是数字经济的基本载体，对数字经济的发展起到重要支撑作用。互联网为数字经济的发展提供网络基础设施和网络技术支持。同时，互联网的普及与应用改变了人们的生活方式，促进了数字经济的发展。

2.1.1 C端到B端：互联网主战场转移

随着各大企业互联网生态的繁荣发展以及互联网人口红利的消失，C端（Consumer，面向消费者）互联网业务逐渐触及“天花板”。企业很难通过投资、扩张等传统方式实现很大的发展，互联网主战场由C端转移到B端（Business，面向企业）。

当前，已经有很多互联网企业瞄向了B端市场，发展To B业务。

阿里云是阿里巴巴集团旗下的一家云计算及人工智能科技公司，成立于

2009年，2018年升级为阿里云智能事业群，主营To B云计算服务，业务覆盖全球。2022年，阿里云的云计算市场份额占据世界第三、我国第一，盈利颇丰。

除了阿里巴巴，腾讯也积在极发展To B云业务。在明确产业互联网战略后，腾讯打造了云与智慧产业事业群，布局To B云业务，整合云和以To B能力为核心的业务。腾讯积极推动云平台和智能产业关联业务的发展，依托腾讯云、智慧零售、安全、腾讯地图、优图等核心业务，推进云计算、人工智能等技术与各行各业的融合，为零售、工业、教育、医疗、交通、政务等传统行业的数字化转型升级提供解决方案。

当前，互联网企业布局To B业务已经成为趋势。除了阿里巴巴、腾讯，京东、百度等企业也加快了布局To B业务的步伐。未来，随着数字技术的发展和进一步应用，更多企业将布局To B业务，加速互联网业务从C端向B端的转移。

2.1.2 5G的迅猛发展与规模化应用

5G是第五代移动通信技术的简称，实现了对4G的升级和改进。与4G相比，5G拥有更高的传输速度、更低的延迟、更大的网络容量。这意味着，用户能够更快地下载网络内容，进行实时视频通话，以及连接更多的智能设备。

自5G诞生以来，与其相关的政策陆续出台。同时，中国移动、中国联通、中国电信三大运营商积极推进5G基础设施建设、5G技术研发等。在多方的共同推动下，5G实现了快速发展。

“2023年中国5G发展大会”上发布的信息显示，我国已经建成全球规模最大的5G网络。得益于广泛部署的基础设施的支撑，5G技术逐步向规模化应用迈进。

1. 5G个人应用

当前，5G个人应用呈爆发增长态势。根据中国信息通信研究院发布的报告，截至2023年3月，我国5G用户占移动用户数比例超过36%，5G在移动互联网接入流量占比达43.4%。

很多互联网企业、传媒企业等，都在围绕音视频通话、XR（Extended Reality，拓展现实）、4K/8K、人工智能等领域探索5G个人应用。例如，2022年北京冬奥会期间，中央广播电视总台凭借“5G+4K”“8K+AI”等技术的应用实现了移动化、超高清赛事传播，并在冬奥列车上打造了5G移动超高清演播室进行赛事讲解。

2. 5G行业应用

在行业应用方面，5G的赋能作用十分明显。5G实现了在智能制造、智慧交通、智慧医疗等重点行业的规模化应用，同时，行业应用也在不断拓展，覆盖了包括电力、能源、医疗等在内的很多行业。

“5G+工业互联网”是5G的典型应用。5G可以实现高速率和低时延的通信，为智能制造提供优质网络。例如，三六一度（中国）有限公司（以下简称“三六一度”）已与中国联通就“5G+工业互联网”领域达成战略合作，并在晋江五里服装基地成功打造首个“5G+智慧工厂”项目。

该项目基于联通的5G网络，利用共享UPF（User Plane Function，用户面功能）技术实现5G虚拟专网的部署，使5G专网成为生产协作的基础网络，通过在分散区域实现广泛覆盖和在密集区域进行深度覆盖的5G网络建设，促进工业硬件与软件平台的高效协同。

项目集成了MES（Manufacturing Execution System，制造执行系统）、APS（Advanced Planning and Scheduling，高级计划和排程）、PLM（Product Lifecycle Management，产品生命周期管理）、WMS（Warehouse Management System，仓库管理系统）、SCM（Supply Chain Management，供应链管理）等多个系统，与三六一度现有的ERP（Enterprise Resource Planning，企业资源计划）、EHR（Electronic

Human Resources，电子人力资源）、OA（Office Automation，办公自动化）等系统集成，通过 5G 网络优化生产流程，实现从裁剪、拉布、裁片到缝制、投料、质检、包装等环节的全链条协同，推动三六一度生产、供应和销售的一体化。

三六一度的 5G 智慧工厂项目不仅实现了成本降低和效率提升，还通过 5G、MEC、云技术的综合应用，整合多终端和多生产系统，实现了生产物料信息化和产线信息流化，为精益生产提供了数据和系统支持。这使得三六一度能够通过精准的数据分析和管理决策，优化生产过程。利用 5G 专网适配的应用场景，三六一度实现了可视化的远程控制，其管理者可通过手机 App 实时监控订单生产、员工工作效率和生产能耗等关键指标。

总之，5G 的个人应用与行业应用都实现了规模化拓展。未来，更加细分、更加专业的 5G 解决方案将应用于更多场景中，覆盖更多的行业以及更多企业用户与个人用户。

2.1.3 为 6G 时代的来临做好准备

6G 是第六代移动通信技术的简称。与 5G 相比，6G 将引领人们进入一个“泛在智能”的世界，给人们带来更多新奇体验。未来，借助 6G，智能技术将不断加深对各领域的渗透。智能家居、智慧医疗等将更加智能，应用更加普及。6G 将赋予智能设备强大的计算能力和感知能力，为用户带来更优质的体验。

从经济增长的角度来看，6G 将为数字化社会的发展提供新动力，给数字经济的发展带来新的增长点。

6G 是面向未来的新一代移动信息网络，可以实现“空天地海”全场景覆盖，具有通信、计算、智能等多维能力。6G 的应用和普及将推动数字经济与实体经济进一步融合，推动数字经济实现可持续发展。

虽然目前 6G 还处于研发阶段，但显而易见，它将在多个方面对 5G 进行优化和改进。

1. 更高的数据传输速度

6G有更高的数据传输速度，预计峰值传输速度可达100 Gbps～1 Tbps。这将进一步降低通信延迟，为用户提供几乎即时的数据传输体验。

2. 更低的延迟

6G能够将延迟降至更低，预计延迟时间可低至0.1毫秒，这对于需要即时响应的应用（如远程手术、自动驾驶汽车和其他实时控制系统）来说至关重要。

3. 更广泛的覆盖范围

6G计划利用更高频段的电磁波，结合卫星通信，实现全球范围内的无缝覆盖，包括偏远地区和海洋，从而打破5G在覆盖范围上的局限。

4. 更大的容量

通过引入新的网络架构和先进的信号处理技术，6G将扩大网络的容量，能够支持更多的设备同时连接。这对于物联网的广泛应用尤为重要。

5. 更加智能的网络

6G将更深入地整合人工智能和机器学习技术，实现网络的自我优化、自我修复和智能管理，大幅提高网络的可靠性和用户体验。

6. 支持新型应用

6G将为VR、AR、3D全息投影、超高清视频传输和未来的新型应用提供强大的支持，推动数字世界的新体验和商业模式的创新。

7. 更强的安全性和隐私保护

6G采用更先进的加密技术和隐私保护机制，以应对日益复杂的安全威胁和隐私挑战，保护用户数据和通信安全。

总体而言，6G 技术将在速度、延迟、覆盖范围、网络容量和智能化等多个方面对 5G 进行优化和革新，有助于建立更广泛的连接，为各种应用的发展带来新的可能性。然而，6G 的具体实现细节和标准仍在研究之中，其最终形态和能力有待进一步明确。

2.2 物联网：物物相连，激发经济活力

物联网是在互联网的基础上延伸的网络，可以实现物物相连，给企业带来新的发展机遇。一方面，物联网可以变革企业的生产方式、管理方式，帮助企业节约成本，提升企业经济效益；另一方面，物联网可以为经济服务提供技术驱动力。总之，物联网的应用将激发经济活力。

2.2.1 物联网发展迎来新机遇

在技术进步、经济发展的双重驱动下，物联网的发展迎来新机遇。

第一，5G、人工智能、边缘计算等技术的发展，推动了物联网的发展。

（1）5G。随着 5G 的普及，物联网实现了更快速、更稳定的网络连接。借助 5G 网络，物联网可在更多领域实现其应用，从而加速其的普及。

（2）人工智能。人工智能与物联网的结合将提升物联网的智能化水平。借助人工智能算法，物联网可以更快地处理海量数据，提升数据分析与预测的精准性。

（3）边缘计算。边缘计算是一种可以在网络边缘实现数据处理与计算的技术，能够降低数据传输的延迟。其与物联网的结合将提高物联网的响应速度、运行效率等。

第二，平台经济为物联网的发展带来新机遇。

作为一种新型的经济模式，平台经济为物联网的发展注入了新的活力，给物联网带来了广阔的发展空间。通过整合各种技术资源、数据处理能力和网络服务，平台经济极大地促进了物联网技术的应用和普及。它使得各行各业能够更加轻松地接入物联网技术，实现设备的智能化和网络化，从而提升运营效率、降低成本，从而创造出新的商业价值。

在平台经济的推动下，物联网不再是孤立的技术或单一的应用，而是成为一个全面互联、高度集成的生态系统。在这个生态系统内，数据的采集、传输、处理和分析变得更加高效和安全，为企业提供了丰富的数据洞察，帮助他们做出更加精准的业务决策。同时，平台经济通过提供标准化的接口和服务，降低了企业采用物联网技术的门槛，使得中小企业也能够利用物联网技术提升其竞争力。

此外，平台经济还促进了跨领域的创新合作，使得物联网应用能够跨越不同的行业和领域，如通过将物联网技术与人工智能、大数据等先进技术相结合，推动智慧城市、智能制造、智慧医疗等领域的发展。这种跨界融合不仅拓展了物联网的应用场景，也为社会经济发展带来了新的增长点。

综上所述，平台经济为物联网带来的不仅是技术上的革新，更重要的是为物联网的商业模式创新和应用场景拓展提供了无限可能，推动整个社会向更加智能、高效和可持续的方向发展。

2.2.2 物联网助力数字经济发展

物联网是驱动数字经济发展的重要力量，在数字经济的发展中起着重要作用。通过实现物与物之间的互联、对物理世界的感知和数据采集等，物联网可以实现企业内部、企业与企业之间甚至产业之间的互联，还可实现数据的智能分析与应用。

当前，物联网在智能制造、数字零售等领域都实现了应用。在智能制造领域，物联网在生产环节的应用可以实现自动化、智能化生产，提高生产效率和产品质量。物联网可以通过传感器实现对生产状态、设备的实时监控，实现预测性维护、故障预警等，降低设备的维修成本。

在数字零售领域，物联网可以帮助企业实现智能营销、个性化推荐等，提升企业的营销转化率和消费者体验。例如，物联网可以连接智能手机、智能家居、可穿戴设备等，为企业的智能营销提供大量数据，帮助企业了解用户的喜好和需求。根据用户的浏览记录、购买记录等，企业可以借助物联网向用户推送个性化的广告和优惠信息，从而提升用户的购买意愿。

在数字经济的发展中，物联网的两大作用是实现产业互联和数据智能。在实现产业互联方面，物联网可以将不同的产业连接起来，实现数据共享和协同发展。例如，物联网可以实现智能制造和智慧物流的互联，实现生产与销售的协同，提升供应链的运转效率。

在实现数据智能方面，物联网可以通过对数据的采集、处理和分析，使决策更加智能和精准。例如，在智能制造场景中，通过对生产数据、设备数据的实时监控和分析，物联网可以优化生产过程并提高生产效率。在智慧城市场景中，物联网通过对城市各领域数据的采集和分析，可以实现城市的智能化、精细化管理，提升城市管理水平。

未来，随着物联网技术的发展，其在数字经济中的应用将更加深入，覆盖更多数字经济细分领域，推动数字经济实现更好的发展。

2.3 云计算："向云端"赋能全新战略

云计算能够将电脑上的部件功能虚拟化，使运算、存储、读写等功能通过访问数据中心的服务器来实现。云计算具有实现资源共享、提供规模化服务、降低经营成本等优势，将成为数字经济时代的主要计算模式。

2.3.1　云网融合：数字经济的新底座

云计算、互联网等技术的发展，使得云网融合成为趋势。云网融合强调在强大的通信网络的基础上，利用云的开放性及其生态，在能力平台、数字化应用等方面打造云网融合新架构、新模式。

当前，云网融合产品、云网融合解决方案不断涌现，涉及智能制造、智慧城市等领域。同时，云网融合在电信、金融、医疗等行业的应用不断推进，为企业的数字化转型提供了新方案。

在云网融合方面，网络通信运营商早已发力。网络通信运营商在云网融合方面的实践主要体现在以下几个方面，如图2-1所示。

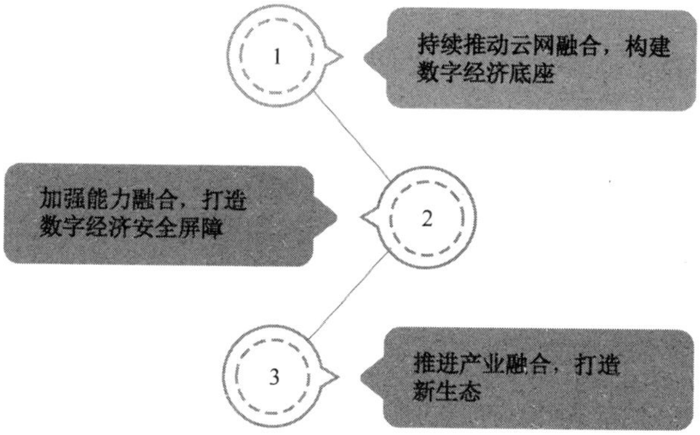
1
持续推动云网融合，构建数字经济底座
2
加强能力融合，打造数字经济安全屏障
3
推进产业融合，打造新生态

图2-1　网络通信运营商在云网融合方面的实践

1. 持续推动云网融合，构建数字经济底座

网络通信运营商将自身丰富的网络资源与云计算能力结合，构建起支撑数字经济发展的坚实基础。通过部署分布式的云数据中心，以及利用遍布全国乃至全球的网络基础设施，网络通信运营商为企业用户和个人用户提供低延迟、高可靠

性的云服务。这不仅加快了数据处理和应用响应速度，也极大地提高了服务的可用性和灵活性。

此外，通过优化网络架构和增强云资源调度能力，网络通信运营商能够更有效地支持大数据、人工智能、物联网等技术的广泛应用，为数字经济的蓬勃发展提供了坚实的技术底座。

2. 加强能力融合，打造数字经济安全屏障

随着数字经济的快速发展，数据安全和网络安全问题日益凸显。网络通信运营商在云网融合的过程中，注重加强安全能力的融合，构建起数字经济的安全屏障。这包括利用云计算的弹性资源和网络的广覆盖特性，建立起全方位的安全防护体系，从物理安全、网络安全到应用安全层面，为用户提供一站式的安全服务。

网络通信运营商还通过实时监控网络流量、分析异常行为，利用人工智能等技术及时识别和响应安全威胁，保障用户数据安全和业务的连续性。此外，通过与政府、行业组织以及其他企业合作，网络通信运营商还在积极推进安全标准和协议的制定，为数字经济的健康发展营造一个良好的环境。

3. 推进产业融合，打造新生态

在云网融合方面，网络通信运营商还积极推进与各行各业的深度融合，共同打造全新的数字经济生态系统。通过提供定制化的云网络解决方案，网络通信运营商能够帮助传统行业实现数字化转型，优化业务流程，提升运营效率和服务质量。

例如，针对制造、农业、教育、医疗等行业，网络通信运营商不仅提供基础的云网服务，还结合行业特点开发了一系列的应用服务和平台，促进了产业升级和创新。此外，网络通信运营商还利用自身的技术和市场优势，与云服务商、内容提供商、应用开发商等合作伙伴共同构建开放、共赢的生态圈，推动了跨界合作和多元化业务模式的发展，为用户创造了更多价值，为数字经济的繁荣做出了

重要贡献。

2.3.2 SaaS系统：灵活、安全与低成本

SaaS（Software as a Service，软件即服务）是一种以云计算为基础的软件服务模式。这种模式可以实现将软件托管在云端服务器上，通过网络向用户提供软件能力。和传统的本地部署式系统相比，SaaS系统具有明显的优势。

1. 按需提供服务

SaaS是一种基于互联网、按需提供软件服务的软件交付模式。用户无须安装软件，只需要访问云端应用程序，就可以使用多种功能。同时，SaaS系统采用的是订阅模式，支持用户根据需求灵活选择服务，按月或年付费。基于按需提供的特性，SaaS系统适用于中小型企业，可以帮助企业节省购买软件和维护软件的费用。

2. 服务可定制

在SaaS模式下，用户可以根据自身需求对软件进行定制化开发，使软件与自己的需求更加贴合。同时，SaaS系统的用户界面和操作流程都较为简单，降低了企业的培训成本，使员工可更快上手。

基于以上优势，SaaS系统在许多场景中都实现了应用。在企业管理方面，SaaS系统可以实现企业财务管理、业务管理等多方面集中管理，提升管理效率。在市场营销方面，SaaS系统提供在线销售、用户数据分析等服务，可以帮助企业提升销售业绩。

SaaS系统在企业经营中的许多场景中都实现了应用，优化了企业管理流程。越来越多的企业开始借助SaaS系统推进自身的数字化转型进程。

在需求爆发的背景下，一些提供Saas服务的软件服务公司实现了迅猛发展。以世界500强公司Salesforce为例，Salesforce是以提供CRM（Customer Relationship

Management，客户关系管理）软件服务起家的全球性软件公司。其提供的基于云端的 CRM 软件，颠覆了传统的 CRM 产品。其 CRM 软件服务由销售云、服务云、云平台等延伸至社区云、商务云等领域，覆盖金融、通信、制造等垂直细分领域，满足了客户的多层次需求。

未来，随着人工智能、大数据等技术的进步，SaaS 系统将变得更加智能化、个性化。人工智能可以使 SaaS 系统更加智能地响应用户需求，提升处理日常任务的效率。大数据可以使 SaaS 系统收集更多数据，更准确地分析数据，为企业提供更加精准的信息。总之，随着技术的进步，SaaS 系统将发挥更大的作用，为企业数字化转型带来新机遇。

2.4 大数据：数字经济发展的重要支撑

随着数字经济的发展，数据量不断增加，在数据存储和处理方面，企业面临着很大的挑战。在这个背景下，大数据技术应运而生，其以卓越的数据处理能力，为企业提供更为高效、精准的数据解决方案。

2.4.1 大数据带来发展机遇与变革

在数字经济发展过程中，大数据技术具有重要的价值，其可以通过采集、挖掘、分析海量数据，揭示数据背后的规律，为企业提供更准确的信息。在数字经济浪潮下，大数据技术可以为企业的发展提供诸多支持，给企业带来诸多发展机会。

第一，大数据技术可以实现智能决策。大数据技术可以通过数据采集与分析，帮助企业从海量数据中挖掘有价值的信息，为企业决策提供准确的数据支持。此外，大数据技术改变了企业的决策方式，使企业由依靠经验决策转变为依靠数据决策，有效提高了决策的科学性。

第二，大数据技术可以助力企业智能营销。借助大数据技术对市场数据、用户数据的分析，企业可以了解市场动向、市场需求，据此制定合适的市场策略；可以了解用户的行为和偏好，实现精准营销和个性化推荐，提升用户体验。

第三，大数据技术可以助力企业进行风险识别。企业可以借助大数据技术识别潜在风险、进行风险预测，进而有针对性地进行风险管理，提高抗风险能力。

大数据技术与各行业的结合将重塑各行业的产业结构。充分利用大数据技术实现发展的企业更具竞争优势，而不适应大数据技术带来的变革的企业可能被市场淘汰。但是，大数据技术的应用也带来了数据治理挑战。企业需要健全数据治理机制，保护数据安全。

总之，大数据技术可以赋能企业运营各流程，助力企业进行数字化转型，提升企业的运转效率。这为企业的发展带来了机会，也为数字经济的发展、数字经济规模的扩大提供了助力。

2.4.2 大数据加速数字经济发展

当前，数字经济加速发展，而大数据技术成为数字经济的关键驱动力。大数据技术可以充分释放数据的价值，驱动传统产业的数字化转型，培育新业态和新的经济增长点，推动数字经济实现可持续发展。

1. 大数据技术释放数据价值，助力数据要素市场建立

大数据技术能够实现数据资源的深层次处理，通过数据挖掘与分析将数据转化为可用的信息，发挥数据在数字经济中的更大价值。同时，市场经济需要实现生产要素商品化，实现生产要素的流通和配置，形成生产要素市场。而大数据技术可以推进数据流通标准、数据交易体系建设，促进数据交易、共享等环节有序进行，为构建数据要素市场、数据要素流通提供支持。

2. 大数据驱动数字经济创新，催生新业态

大数据技术在各行业的应用，能够加速传统产业数字化转型，催生以数据驱动为核心的新业态，驱动数字经济的创新。

一方面，大数据技术逐渐渗透到各领域，与传统产业深度融合，提升了传统产业的数字化水平。电信、金融等服务行业可以借助大数据技术探索客户细分、风险防控等应用，实现业务创新。制造业可以将工业大数据贯穿于设计、生产、质检等多环节，使工业系统具备诊断、控制、预测等智能化功能，变得更加智能。大数据技术为传统产业数字化创新与转型提供支撑，推动传统经济模式向着数字经济模式演进。

另一方面，大数据技术能够促进产业间的融合创新，催生新业态。这是数字经济创新的重要表现。大数据技术的发展催生了数据交易、数据租赁服务等新业态。同时，其与多行业的融合应用，使得传统产业的经营模式、盈利模式、服务模式等发生变革。金融、教育、电商等行业都在定制化大数据服务的支持下提升了数字化水平。

技术创新是数字经济发展的重要驱动力，大数据技术的创新和普及将激发数字经济领域的创业浪潮，加速数字经济的发展。

2.5 人工智能：数字经济的“大脑”

随着人工智能的发展，其对数字经济的推动作用越来越明显。人工智能能够为数字经济的发展提供强大的智能，促进数字经济的创新与持续发展。

2.5.1 人工智能的典型应用

在发展与应用过程中，人工智能逐渐渗透到各行业，成为驱动数字经济增长

的关键力量。人工智能在数字经济中的应用体现在很多方面。

首先，借助自然语言处理技术，人工智能广泛应用于数字经济的诸多领域。自然语言处理技术是一种通过机器学习、深度学习等，使计算机能够理解和处理自然语言的技术。借助这种技术，人工智能广泛应用于智能助手、智能客服、智能翻译、智能搜索等领域。

以智能助手为例，借助人工智能，智能助手能够理解用户的指令并提供相应的服务。智能语音助手 Siri、天猫精灵等都是这一领域的经典产品。

其次，数字经济中的诸多数据分析工作都离不开人工智能的支持。随着数字经济的发展，数据量呈指数级增长，人工智能能够对数据进行智能挖掘与分析，并从海量数据中挖掘出有价值的信息，为企业决策提供支持。

例如，人工智能可以对企业的海量数据进行整理、分析并给出专业的分析报告。基于对市场数据的分析，人工智能可以预测市场趋势、挖掘市场商机等，帮助企业优化市场策略，抓住新的市场机会。

最后，智能推荐系统是人工智能在数字经济中的典型应用。智能推荐系统可以借助机器学习和数据挖掘，从用户的历史行为中挖掘用户兴趣，进而为用户提供个性化推荐。在数字经济中，智能推荐系统应用于电商、社交媒体等领域。其通过精准的推荐，提高用户的黏性，帮助企业留存用户、提高销售额。

随着人工智能的发展，其应用也实现了更新。2022 年 11 月，人工智能研究公司 OpenAI 推出了人工智能聊天机器人程序 ChatGPT。短短两个月，其月活用户数就突破了 1 亿人次。

ChatGPT 可以辅助人类完成知识检索、内容创作、编程、翻译等任务，是 AIGC（Artificial Intelligence Generated Content，人工智能生成内容）领域的一个重大突破。

2023 年 9 月，OpenAI 发布了支持多模态语音和图像的 GPT-4V 模型。基于这一模型，ChatGPT 不仅能够理解图片、声音、文档，还支持语音对话。

同时，基于 GPT-4V 模型，OpenAI 还推出了定制版 ChatGPT——GPTs。该产品允许用户构建适用于特定业务场景的定制化模型，可被应用于解决企业的具体问题，如专业知识库构建、文档/数据的处理分析、特定内容的创作等，进一步提升了 AIGC 商业应用成熟度。

除了以上方面外，人工智能在智能制造、智慧物流、智慧医疗、智能教育等领域都有所应用，涉及数字经济的很多方面。未来，随着人工智能技术的发展，其在数字经济领域的应用将更加深入，应用范围也将进一步扩大。

2.5.2 AIGC 助推数字经济发展

在不断发展中，人工智能逐渐从执行单一任务向执行更加广泛的任务的方向发展，由此，AIGC 出现。与专注于某一领域、只能完成一种或几种任务的人工智能相比，AIGC 拥有更强的自主决策和学习能力，能够完成多种任务，如语音识别、图片生成、游戏生成、代码生成等。同时，AIGC 具有强大的理解能力与推理能力，能够解决用户提出的各种复杂问题。

AIGC 对数字经济发展有着深远的影响，其可以提供更加强大、普惠的智能服务，推动各行业的数字化转型和创新。AIGC 对数字经济的影响主要体现在以下几个方面，如图 2-2 所示。

1. 推动数字经济创新

创新是数字经济发展的核心动力。AIGC 可以推动数字经济创新，这主要体现在以下几个方面。

（1）提升创新效率。AIGC 可以生成创意、创造各种数字内容，辅助用户进行创新活动，从而提升创新效率。例如，AIGC 可以根据文字创作要求，给出合适的标题和内容，帮助用户寻找灵感。

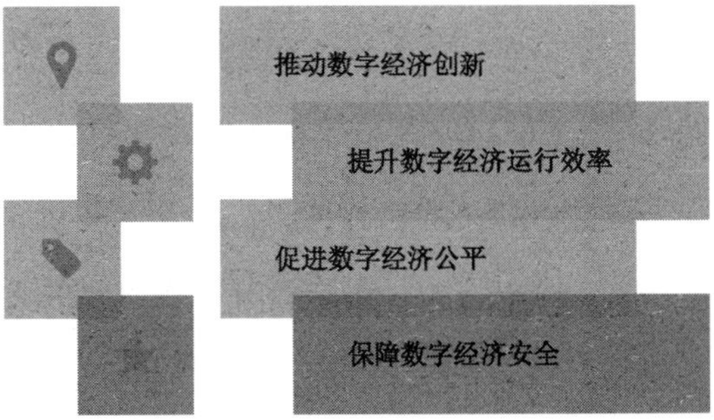

图 2-2 AIGC 对数字经济的影响

（2）拓展创新领域。AIGC 能够融合多领域的知识，拓展新领域，形成新模式。例如，AIGC 能够融合数学、物理、化学等多学科的知识，有助于企业开发新产品。

（3）提高创新质量。AIGC 可以以丰富的知识和创新思维，提高创新质量，产出更具价值的创新成果。例如，借助丰富的知识和创新思维，AIGC 能够生成精美的画作。

2. 提升数字经济运行效率

AIGC 可以提升数字经济运行效率，这主要体现在以下几个方面。

（1）AIGC 可以通过自动化、智能化的生产方式，提高生产效率。例如，AIGC 可以通过调控生产设备、原材料等，实现生产过程的自动化管理。

（2）AIGC 可以通过平台化、共享化等方式，提高信息与资源的流通效率。AIGC 可以通过云平台共享 AI 算法，加速智能解决方案的部署和优化，显著提高行业内信息与资源的流通效率。

（3）AIGC 可以通过个性化、智慧化等方式，提高消费效率，提升消费体验。

例如，AIGC 支持语音、视频等交互方式，可以实现消费过程中的智慧化沟通。

3. 促进数字经济公平

AIGC 可以促进数字经济公平，这主要体现在以下几个方面。

（1）缩小数字鸿沟。AIGC 可以为企业和创作者提供更便捷、更普惠的服务，缩小数字鸿沟，充分展现数字经济的包容性和普惠性。

（2）促进社会公平。AIGC 可以提供更公开、更透明的数字化治理方案和工具，促进社会公平。

（3）提高经济活动的透明度。AIGC 可以协助监控和报告经济活动，减少不正当的商业行为，如欺诈、腐败等，提高经济活动的透明度，维护市场的公平竞争秩序。

（4）增加就业机会。虽然 AIGC 可能会替代某些工作，但它也会创造新的就业机会，特别是在数据科学、AI 维护和发展等领域。

4. 保障数字经济安全

AIGC 可以保障数字经济安全，这主要体现在以下几个方面。

（1）加强网络安全。AIGC 能够实时监控和分析大量网络流量，快速识别和响应安全威胁。它可以在发现异常行为或潜在攻击时立即采取行动，从而保护数据和系统不被入侵。

（2）欺诈检测与预防。在金融服务领域，AIGC 能够分析交易模式，识别可能的欺诈行为。它可以通过分析交易行为来发现异常活动，防止发生诈骗和其他非法活动。

（3）数据隐私和合规性。AIGC 可以帮助组织更有效地遵守数据保护法规，如欧盟发布的《通用数据保护条例》《中华人民共和国个人信息保护法》等。通过自动化数据处理和管理过程，AIGC 确保敏感信息得到妥善保护，并且处理方式符合法律要求。

（4）提高交易安全性。在电子商务和在线交易中，AIGC 可以用于提高交易安全性，例如，AIGC 可以采用智能身份验证来验证用户的真实身份，减少身份盗用和支付欺诈的风险。

（5）供应链管理。AIGC 可以监控和优化供应链，识别潜在的风险和瓶颈。这有助于确保经济活动的连续性和安全性，特别是在面对外部冲击和威胁时。

（6）故障响应和恢复。在发生安全事件时，AIGC 能够快速响应，帮助组织迅速恢复正常运作。它可以分析事件的原因并提出改进措施，减少未来发生类似事件的风险。

尽管 AIGC 能够保障数字经济安全，助推数字经济发展，但也存在滥用和误用的风险。因此，企业在开发和部署 AIGC 时需要遵守严格的伦理和安全标准，确保其不会对人类或社会造成负面影响。

2.5.3 算法缺陷影响人工智能发展

当前，人工智能已经在很多领域实现了应用，这离不开人工智能算法的支持，如监督学习、无监督学习、强化学习等。

算法能够推动人工智能发展，但是其存在的缺陷也会阻碍人工智能实现持续发展。在实际应用中，算法问题频发。例如，电商平台依托算法进行产品推荐，往往会出现大数据杀熟的现象；视频平台用算法推荐内容，往往会形成信息茧房，加深信息偏见；用户依据算法做决策，由于算法不够合理、可靠，可能会引发决策风险，引发用户对人工智能的怀疑。这些都会影响人工智能的发展。

合理的算法需要满足以下几个要求。

（1）准确性：指的是算法能够根据科学的计算给出准确的结果。

（2）稳定性：指的是算法需要在不同情境下保持准确、稳定、可靠。

（3）公平性：指的是依据算法做出的决策没有偏向性，公平、公正。

（4）可理解性：指的是算法的决策过程是透明的，决策结果能够让大众理解。

（5）安全性：指的是算法不会受外部的干扰而导致误判，不存在安全隐患。

要想使人工智能实现更好的发展，就需要解决算法存在的缺陷。一方面，相关部门需要建立健全科学的监管体系，完善制度链条，实现事前、事中、事后全流程监管，形成算法治理长效机制。另一方面，企业需要把握以上几个基本要求，在算法开发阶段就考虑好算法的合规性问题，避免算法存在缺陷。

未来，随着人工智能算法、算法治理等方面的发展，算法将走向安全、合规，人工智能也将实现进一步的发展。

第3章

构成要素：梳理数字经济基本框架

数字经济的三大构成要素是劳动者、生产力和生产关系。这三大构成要素搭建起数字经济的基本框架。其中，劳动者是数字经济的核心主体，在数字经济潮流下，传统劳动者逐渐向数字劳动者转变。生产力是数字经济发展的驱动力，随着数字技术的发展，生产力也实现了跨越式发展。生产关系是数字经济稳定发展的支柱，呈现出数字化发展的趋势。

3.1 劳动者：数字经济的核心主体

劳动者是实现价值创造、推动数字经济发展的主体。数字经济的发展催生了诸多新兴数字化岗位，同时也对劳动者提出了新要求。在这种趋势下，数字劳动者兴起，进一步推动了数字经济的发展。

3.1.1 新业态：数字化职业应运而生

数字经济时代，各行各业的数字化转型进程加快、数字化运营水平提升，新的数字化职业也应运而生，如新媒体运营、大数据算法工程师、AI 训练师、AI 提示工程师等。

以 AI 提示工程师为例。AI 提示工程师是一个非常具有吸引力、高收入的新兴职业。AI 提示工程师不仅需要提出引导性问题，更需要将人工智能、编程、语言、艺术等学科结合起来，需要具备语言能力、语法技能、批判性思维等，这样才能更好地开展工作。

从本质上来看，提示工程是一种通过设计、优化提示词来引导模型生成高质量、有针对性的回答的技术，是 AI 提示工程师与生成式 AI 工具交互、创造的结果。这种交互可能是对话式的，也可能需要 AI 提示工程师编写代码提示 AI 生成其所需的正确答案。而且，AI 提示工程师需要具备和多种类型的大模型交互的能力，从而得到最优的创造成果。

随着数字经济的高速发展，未来将诞生更多新职业，提供更多就业机会。这将打开就业新空间。在数字化职业兴起的趋势下，劳动者应如何做？

首先，劳动者需要明确自身职业定位与发展方向，根据自身兴趣确定职业规划。其次，劳动者需要根据自身职业方向，学习相关技能，不断提高自身专业能力。最后，为应对数字经济下市场不断变化的需求，劳动者需要灵活应变，根据市场需求适时调整职业规划。劳动者需要时刻关注市场变化，寻找新机会，不断尝试与创新，探索更具潜力的职业方向。

3.1.2 新要求：劳动者需提升数字素养

数字经济的发展对劳动者提出了新要求，促使劳动者提升数字素养，以便在数字经济时代更好地生存与发展。

具体而言，劳动者需要培养五大数字能力，以提高自身的数字素养。

1. 数字生存能力

数字生存能力包括会使用各种 App 进行购物、出行、社交、求职、工作等；会在网上查询、浏览相关信息；会对文件、照片等数字内容进行整理与保存等。

只有具备基本的数字生存能力，劳动者才能够进一步进行数字生产、数字创新。

2. 数字安全能力

劳动者需要具有数字安全能力，这样才能在使用各种数字应用时防范数字风险。一方面，劳动者需要学会保护个人数据与隐私，保护自身数字资产。另一方面，劳动者需要提升对网络谣言、电信诈骗等内容的辨别能力，做好安全防护。此外，对于短视频、游戏等，劳动者需要提高自控能力，防止沉迷。

3. 数字思维能力

数字思维能力指的是借助数字技术解决生活、工作中的问题，提升生活、工作体验和水平的能力。劳动者需要具备数字思维能力，能够通过数据分析找到问题、明确解决办法等。

4. 数字生产能力

数字生产能力指的是通过数字技术输出数字产品、数字内容、数字解决方案等的能力。这包括创作短视频等数字内容、开发微信小程序等。

5. 数字创新能力

数字创新能力是指在数字基础设施、平台、应用等方面提出并实施创新想法的能力，如研发底层芯片、算法、大数据平台等。想要拥有数字创新能力，劳动者需要掌握数字技术和专业技能。

劳动者所处的行业、未来的职业发展方向不同，所需要培养的数字素养不同。但其中存在一个提升数字素养的通用路径。具体来说，要想提高数字素养，劳动者需要做好以下几个方面。

首先，关注新技术。劳动者需要关注国家出台的数字经济相关政策，科技巨头在数字经济、数字技术领域推出的新战略，打造的新业态与新模式等，做到和市场最新信息同步并识别出与自己相关的新技术领域。

其次，学习新技术。劳动者应保持开放态度，学习新技术的原理和应用方法，通过实践和交流评估其对工作的潜在影响，探索如何提升效率和创造新价值，并关注技术带来的职业机会与挑战。

最后，善用新技术。劳动者应通过持续学习掌握新技术，主动适应技术变革，将其应用于提升工作效率与创新，同时评估技术带来的影响，确保技术助力个人职业成长和工作环境改善。

3.1.3 数字劳动者五大特点

随着数字技术和数字经济不断发展，数字劳动者越来越多，数字劳动者的范畴进一步拓展。数字劳动者不再局限于数字技术领域，而是拓展到数字产品制造、数字技术应用、数字化效率提升等领域。

2022 年 9 月，《中华人民共和国职业分类大典（2022 年版）》发布，首次标注了 97 个数字职业。这意味着数字劳动者的职业分类体系已经确立。

从整体来看，数字劳动者呈现以下五大特点，如图 3-1 所示。

1
覆盖第一、第二与第三产业
2
遍布数字经济核心领域
3
可分为三大类别
4
覆盖传统职业与新兴职业
5
流动性特征明显

图 3-1 数字劳动者的五大特点

1. 覆盖第一、第二与第三产业

从数字劳动者的分布来看，其已经渗透第一、第二与第三产业。在农业产业中，产业数字化进程不断提速，催生了数字化农业技术员、农产品带货主播等职业，聚集了很多数字劳动者。

在制造业、建筑业等产业中，数据分析师、物联网工程师、人工智能工程师等数字化岗位的规模逐渐扩大，聚集了诸多数字劳动者。在金融、交通运输等产业中，产生了用户体验设计师、数字产品经理、数字化解决方案设计师、大数据工程师等数字化岗位，吸引了相关领域的数字劳动者。

2. 遍布数字经济核心领域

数字劳动者遍布数字经济的核心领域，如数字技术应用领域、数字要素驱动领域、数字产品制造与服务领域等。

3. 可分为三大类别

不同职业对数字劳动者的技术水平和专业程度的要求不同，据此可以将数字劳动者分为三类：第一类数字劳动者需要具备专业的数字技术，完成专业性较强的工作，如物联网工程技术人员；第二类数字劳动者不需要具备很高的专业素养，但需要在原有技术、知识的基础上嵌入数字技术，如智慧物流工程师；第三类数字劳动者只需要掌握一般的数字技术，具备基础的数字素养，如智能楼宇管理员。

4. 覆盖传统职业与新兴职业

数字劳动者覆盖传统职业与新兴职业，其中既包括对传统职业进行数字化改造后的职业，如智能制造工程师、在线培训师等，也包括一些新兴的数字职业，如数据分析师、AI 提示工程师等。

5. 流动性特征明显

基于市场需求和岗位的灵活性，数字劳动者拥有明显的流动性特征。一些新工作形态的从业者，如虚拟人设计师、数据分析师等，具有较强的流动性。

3.2 生产力：数字经济的不竭动力

在数字技术的推动下，传统生产力要素实现了迭代，融入了新兴生产要素。同时，算力作为数字经济时代的关键生产力，正在不断发展壮大。

3.2.1 从构成要素看生产力发展

生产力的五大构成要素是劳动力、资本、自然资源、科技、组织管理。

其中，劳动力指的是生产活动中的人力资源，是生产力的基础。资本包括物质资本，如生产设备、机械等，和非物质资本，如专利权、商标等。自然资源指的是土地、水、矿产等大自然提供的有限资源。科技指的是推动生产力发展的技术要素，可以提高生产效率和产品质量。组织管理是协调其他要素的手段，优化生产组织的结构可以提高生产要素的利用率。

随着数字经济的发展，以上传统生产要素得到更新，融入了新内容。在数字经济生产力的构成要素中，资本、组织管理、自然资源的重要性降低，数据成为新的生产要素。通过数据收集、处理与分析，企业可以获取更有价值的信息，做出科学决策，提高生产效率，推动产品创新。

同时，劳动力这一生产要素被细化为数字劳动者或数字人才。劳动者可以借助各种数字技术实现企业的数字化管理、新兴数字产品的研发等，推动企业与社会发展。科技这一生产要素被细化为数字技术，包括互联网、大数据、人工智能等。这些技术的应用能够变革生产方式，提高生产效率。

此外，创新成为驱动数字经济发展的关键力量，包括技术创新、商业模式创新等。这可以帮助企业适应市场变化，提高生产力，实现可持续发展。

3.2.2 算力：数字经济时代的关键生产力

数字经济时代，算力在推动技术进步、行业数字化转型，促进经济发展方面发挥着重要作用，成为关键的生产力。

当前，算力在数字经济发展中的作用显而易见。在交通领域，基于算力的支持，高速收费站可以快速完成收费操作，让汽车快速过站，在节约时间的同时提升了人们的出行体验。在生产领域，汽车上线前需要经过成百上千次的撞击测试。而在算力的支持下，企业可以快速模拟不同撞击场景，在短时间内完成多次仿真碰撞试验。

工业和信息化部公布的数据显示，我国算力总规模跻身全球前列，产业年增长率近 30%。随着人工智能、大数据等新兴技术领域应用的爆发，算力需求不断攀升。算力成为科技创新与产业转型升级的核心驱动力量。

在此大背景下，2022 年 2 月，我国多部门联合启动了国家级大工程“东数西算”，在 8 个地区启动建设国家算力枢纽节点，设立 10 个国家数据中心集群。该工程首次将算力资源提升到与水、电、燃气等基础资源同等重要的高度，统筹布局建设全国一体化算力网络国家枢纽节点，助力我国全面推进算力基础设施化。

在技术层面，随着人工智能的大规模应用，传统计算方式将难以满足持续爆发的算力需求，而量子计算有望解决这一问题。量子计算是一种新型计算方式，其采用一种创建多维空间的新方法来解决复杂的计算问题，性能上限远超传统计算方式，能够解决传统计算方式难以解决的复杂问题。尽管当前量子计算仍处于硬件开发的早期阶段，但在未来有望满足人工智能发展对算力性能和规模的需求。

未来，随着科技巨头的探索和算力的发展，算力将赋能各行各业，加速各行各业的数字化转型，推动数字经济快速发展。

3.3 生产关系：数字经济的稳固支柱

生产关系指的是生产活动中人与人之间的关系，不同的生产关系催生不同的分配方式。在数字技术的赋能下，生产力高速发展，传统的生产关系已经不能满足生产力发展的需要，生产关系迎来变革。

3.3.1 生产关系的数字化演变

数字经济时代，生产关系实现了数字化演变。借助数字技术，生产关系变得更加灵活、自由，具体表现为：人与人之间的关系不再固定，而是形成一种自由合作关系，组织结构更具灵活性。

敏捷组织与开放组织是凸显这种生产关系的两种经典组织形式。敏捷组织通常以“大平台+小团队”的方式运作，小团队面对客户不断变化的需求，能够快速做出反应，及时调整方案。开放组织能够汇聚更多信息、资源、创意，鼓励跨部门、跨职能协作，以促进不同领域和专业背景的人才合作，共同解决问题。

借助数字化工作方式，办公不再拘泥于固定办公场所，而是可以通过企业微信、钉钉等协同软件，实现多人合作的远程办公。这在降本增效的同时，也为人们带来了更多便利，人们更愿意加入工作自由、人际关系自由的非结构化组织。

人工智能的发展也进一步推动了生产关系的数字化演变。人工智能可以作为新型生产工具，通过自动决策与自动执行，取代标准化、重复性高的工作，促进生产关系的变革。同时，人工智能的发展催生新兴产业与新兴职业，进而促进新生产关系的建立。

人工智能深刻改变了人们的生产、生活方式，对经济发展具有重大而深远的影响。人工智能的应用提供了一种虚拟劳动力，能够解决多样化的生产任务，为劳动力赋能，提升生产效率。同时，人工智能也能够推动各行业的创新，提高行业生产效率，开辟新的经济增长空间。

可以预见，随着人工智能的发展，其能够在很大程度上取代人类劳动力。这将使生产过程更加自动化、高效化，驱动传统生产关系变革。

3.3.2 主动出击：构建新型生产关系

在数字经济时代，数据、数字技术成为重要的生产要素。如何基于这些生产要素构建新型生产关系，是企业需要认真思考的问题。

当前，不少企业已经做出了探索，如打造数字化协作平台、与产业链上下游企业建立合作伙伴关系等。这些的本质都是借助数据，将生产资料数据化，并基于互联网的连接打造新型生产关系。

企业应如何主动出击，构建新型生产关系？具体来说，企业需要做好以下几个方面。

首先，在运作方面，企业需要具备数字化办公能力与全业务在线化能力。一方面，企业需要实现办公管理的数字化，构建数字化管理协作体系，打通线上协作流程。另一方面，企业需要实现销售、生产、采购等全业务链条的在线化。

其次，在生产方面，企业需要构建数字化生产能力，如打造自动化生产线、引入工业机器人、打造数字化工厂等。同时，企业需要打造产业链数据在线化能力。企业需要打通与供应商、销售商等上下游企业之间的连接，搭建产业数字化链条，实现数据在产业间的流通。

最后，在管理方面，企业需要实现数字化管理。一方面，企业需要提升数据收集、决策与反馈的能力，使现状洞察、现状分析、解决方案设计、解决方案执行、结果反馈等环节实现系统化、数字化管理。同时，借助大数据、物联网等技术，企业能够掌握更多数据，更加清楚地了解自身的优势与劣势。通过人工智能分析与数据挖掘，企业能够预测经营管理的挑战与趋势，做出更加科学的决策。

总之，企业需要积极引入数字技术、智能化设备等，变革传统生产关系，构建新型生产关系，以先进的生产关系和组织协作方式实现长久发展。

中篇

数字经济推动企业数字化转型

第4章

战略转型：搭建数字化转型框架

数字经济对企业的发展具有重大意义，指引着企业发展的方向。在数字经济的引领下，越来越多的企业走上了数字化转型的道路。在进行数字化转型时，企业首先要进行战略转型，搭建起数字化转型的基本框架。

4.1 思维转变：是否转型？如何转型？

在思维上，企业需要充分考虑数字化转型战略，明确自身是否需要进行数字化转型，以及如何进行数字化转型。为此，企业需要明确数字化转型的方向，做好数字化转型的规划，警惕数字化转型的误区。

4.1.1 明确方向：构建新型能力体系

在制定数字化转型战略时，企业首先需要明确战略方向。在这方面，企业可以参考相关部门发布的关于数字化转型的国家标准。

2022年年末，国家标准化管理委员会下达了5项数字化转型国家标准，其中《数字化转型管理能力体系建设指南》（以下简称《指南》）是指导数字化转型的基础性标准，目的是引导各类组织系统性地推进数字化转型，以获得稳定的转型成效。

该《指南》由北京国信数字化转型技术研究院、国家工业信息安全发展研究中心及其他业内专业机构、企业等单位共同起草，围绕“数字化新型能力如何建设”等核心问题，明确了新型能力的识别、分解、组合，能力单元的建设，以及体系化开展能力分级建设的方法路径，为各类企业以新型能力为主线加速推进数字化转型提供参考。

数字化转型的核心是构建新型能力，即借助新一代信息技术，聚焦价值创造，建设数据驱动的新型能力，为业务转型与创新赋能。同时，新型能力的建设强调系统性，即借助新型能力建设，形成涵盖从策划到实施再到改进的过程管控机制，涵盖数据、技术多要素的系统性解决方案，涵盖数字化管理、数字化组织等多方面的治理体系。

聚焦新型能力构建，该《指南》明确了数字化转型新型能力体系建设的整体框架，并提出了系统性的方法，主要包括以下几个方面。

（1）新型能力的识别。围绕价值创造的载体、过程、主体、合作伙伴、关键驱动要素等，指出新型能力识别的几大视角。

（2）新型能力的分解与组合。根据发展战略，将识别的新型能力建设需求进行分解，明确细分能力对应的能力单元建设需求。再将各能力单元依据价值效益需求进行组合，以此实现能力协同和能力进化，进而构建起覆盖企业全局的新型能力体系。

（3）能力单元的建设。能力单元的建设是一项系统性工作。企业需要从过程、要素、管理3个维度出发，系统性地构建能力单元建设、运行、优化的管控机制，以及系统性解决方案和治理体系。

（4）新型能力的分级建设。提出新型能力的5个等级，由低到高分别为CL1（规范级）、CL2（场景级）、CL3（领域级）、CL4（平台级）和CL5（生态级），并指出不同等级能力的特征、建设重点等，为企业提升新型能力提供指导。

在以上内容中，新型能力的分级建设是企业需要重点关注的内容。5 个不同的等级具有不同的建设要求，如表 4-1 所示。

表 4-1 新型能力的分级建设

等级	建设要求	建设重点
CL1（规范级）	尚未有效建成支持主营业务范围内关键业务数字化和柔性化运行的新型能力	过程维：职能驱动的过程管控机制 要素维：规范开展信息技术应用 管理维：职能驱动型管理模式
CL2（场景级）	建成支持主营业务范围内关键业务数字化、场景化和柔性化运行的场景级能力	过程维：技术使能的过程管控机制 要素维：工具级数字化 管理维：技术使能型管理模式
CL3（领域级）	建成支持主营业务领域关键业务集成融合、动态协同和一体化运行的领域级能力	过程维：知识驱动的过程管控机制 要素维：组织级数字化+传感网 管理维：知识驱动型管理模式
CL4（平台级）	建成支持组织以及组织之间网络化协同和社会化协作的平台级能力	过程维：数据驱动的过程管控机制 要素维：平台级数字化+产业互联网 管理维：数据驱动型管理模式
CL5（生态级）	建成支持价值开放共创的生态级能力	过程维：智能驱动的过程管控机制 要素维：生态级数字化+泛在物联网 管理维：智能驱动型的价值生态共创管理模式

4.1.2 规划梳理：四步做好战略规划

在制定数字化转型战略时，企业需要做好规划。具体而言，企业需要明确战略愿景、拆分战略目标、识别现状和差距、设计实施路径。

1. 明确战略愿景

在企业制定数字化战略的过程中，蓬勃发展的数字技术会促使企业现有的商业模式或运营模式发生变化。因此，企业需要明确自身战略愿景，如扩大市场份额、提升客户满意度、拓展全球业务等，并根据战略愿景细化发展目标和实施路径。

数据仓库、企业上云、万物互联、产业互联网等都是数字化变革的代名词，它们没有改变整个行业的内容、性质，只改变了企业的经营方式。传统的企业主要依靠人工经营，新型的经营方式可以通过创新的商业模式或运营效率的大幅提升实现营收和利润的增长。

2. 拆分战略目标

企业明确战略愿景后，就需要将其拆分为各个领域的目标，确定每个业务领域需要达成的数字化目标，如数字化营销、智慧运营、智能制造等。同时，企业需要设计未来的数字化蓝图，明确需要推出的数字化产品、技术及相应的基础架构。

3. 识别现状和差距

接下来，企业需要评估组织当前的数字化程度，包括技术基础设施、数字技能、流程和文化。这能够使企业明确自身的优势、劣势以及外部环境的机会和威胁，识别当前的差距，根据战略目标的重要性、成本效益分析和资源可用性等因素综合评估数字化能力建设的优先级。

4. 设计实施路径

最后，企业需要根据确定的各业务领域目标和优先级，制订具体的实施计划。这包括技术选型、资源分配、时间表和关键里程碑的设定。企业除了要确保有足够的资源支持，包括资金、人员、技术等，还要确保组织结构和文化能够支持数字化战略的实施。这可能涉及组织结构的优化、人才培养和数字文化建设。

4.1.3 警惕：转型路上的三大误区

不是企业制定了数字化转型战略，就一定能转型成功。在数字化转型过程中，企业需要警惕一些误区，保证战略的正确性。常见的数字化转型误区主要有以下几个，如图 4-1 所示。

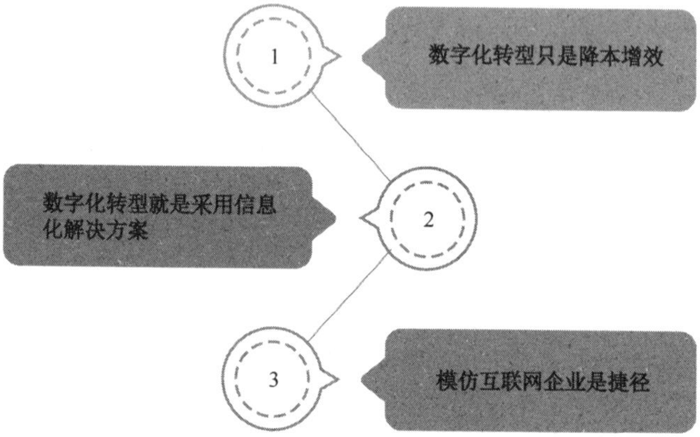
1
数字化转型只是降本增效
数字化转型就是采用信息化解决方案
2
3
模仿互联网企业是捷径

图 4-1　常见的数字化转型误区

1. 数字化转型只是降本增效

提到数字化，很多人认为它就等于降本增效。然而这是一种片面的认知。数字化转型的目标是重新定义业务，是企业从商业模式到业务流程的颠覆性改变，而不是单纯地通过信息化把业务从线下转移到线上。

如今，消费领域发生巨变，人们追求更高质量的产品和服务，而且这种高层次的需求仍在不断扩大。互联网的发展使得消费者接触到产品和服务的渠道增多，设计好、性能好、定制化的产品和服务受到消费者追捧。企业只有通过数据分析充分了解消费者需求和自身产品的不足，才能持续改进产品，保持市场竞争力。

随着物联网、人工智能等技术的快速发展，众多行业的商业模式将发生巨大的变化。例如，人工智能给生物科技领域带来了颠覆性的变革。人工智能公司 DeepMind 基于深度学习算法研发的蛋白质结构预测模型 AlphaFold 2 在蛋白质结构预测的准确性和效率方面已经远远超过人类，已经被一些生物科技公司用于药物研发，对科学以及生物科技产业的发展产生了巨大的影响。

数字化转型不仅能够助力企业降本增效，还能够从多方面推动企业发展。数字化转型本质上是一种创新，能够通过在企业内部引入数字化技术，帮助企业实现管理创新。例如，在风险管理方面，企业可以构建大数据风控系统、人工智能风险预警模型等，借数字化技术识别与应对风险，提升抗风险能力。在市场管理方面，借助数字化技术，企业可以搭建起完善的多渠道销售体系，拓展市场空间。

总之，数字化转型能够驱动企业实现全方位发展，企业如果跟不上数字科技发展趋势，必将失去竞争力。

2. 数字化转型就是采用信息化解决方案

在信息化时代，企业习惯用信息化解决方案去解决运营、生产中存在的问题。信息化解决方案包含需求开发、系统设计、测试上线等内容，这些内容同样也是数字化解决方案的重要内容。

近几年，数字化转型成为各行各业的发展趋势，数字化解决方案受到更多关注。从技术角度来看，许多信息化解决方案中使用的技术，也在数字化解决方案中得到应用。因此，一些企业将信息化建设等同于数字化转型。然而，这是一种片面的认知，信息化建设和数字化转型有很大差别。

信息化建设是指将原来的纸质化信息迁移到计算机上，从手工处理传递信息过渡到用计算机、网络处理传递信息，只是计算机技术的一种应用。而数字化转型的目标是实现企业商业模式和业务流程的根本性变革，它的定位更高、内涵更深、外延更广。

从高度来看，数字化转型站在全局视野重新审视业务模式、业务流程，重视整体性、系统性和协同性，用创新思维驱动业务变革，将数字化作为业务创新发展的引擎与动力，而不仅强调用计算机实现业务电子化，而不改变业务模式和业务流程。

从广度来看，数字化转型是全链条的连接与协同。信息化建设主要在线上，而数字化转型不仅在线上，还延伸到线下；信息化建设主要在企业内部，而数字化转型不仅在企业内部，还向产业链的上下游延伸。

数字化转型不仅包括信息的数字化处理，还包括整个社会经济活动的数字化转型。这意味着它不仅限于特定领域的技术应用，还涉及生活方式、商业模式、文化交流甚至政策制定的根本变革。数字化转型的影响更为深远，它不仅改变了数据和信息的处理方式，还可能改变人们的工作方式、生活习惯和社会互动模式。数字化转型带来的变化可以创造新的经济机会，重塑行业格局，甚至改变社会结构。

从深度来看，信息化建设是通过粗颗粒度的信息来建模，而数字化转型则是以细化的信息来建模，如一个人的数据、一辆车的数据，甚至细化到人的脚、车的引擎等数据。另外，数字化转型还会追踪时间维度上的信息，不仅能明确目前发展状况，还能明确历史发展情况和未来发展预期。

生产制造的信息化主要涉及将传统的生产流程和操作电子化和自动化，以提高效率和减少错误。这包括引入 ERP 系统来整合各个业务流程，实现财务管理、人力资源管理、供应链管理和客户关系管理的信息化。

生产制造的信息化还包括采用计算机辅助设计（Computer Aided Design，CAD）和计算机辅助制造（Computer Aided Manufacturing，CAM）技术，以及生产过程管理系统，如制造执行系统（MES），来优化生产计划、监控生产过程和提高产品质量。此外，信息化还涉及通过数据收集和分析，实现对生产设备的维护和故障预测，以减少停机时间并提升生产线的可靠性和效率。

生产制造的数字化则是将先进的数字技术深度融合到生产制造过程中，以提升效率、产品质量和生产制造的灵活性。它包括采用物联网技术实现设备和流程的互联互通，收集和分析数据以优化运营决策，应用人工智能和机器学习进行故障预测和生产流程自动调优。

生产制造的数字化还涉及采用 3D 打印等先进制造技术来加速产品开发和定制化生产。通过综合应用数字技术，生产制造的数字化能够显著提高生产效率，降低成本，加快新产品研发速度，从而增强企业的竞争力。

因此，企业数字化转型需要做到高屋建瓴，从全局角度基于数字技术的创新驱动业务流程优化和重构，并且充分应用大数据、人工智能等技术挖掘数据价值。

3. 模仿互联网企业是捷径

在数字化转型过程中，很多企业都喜欢模仿互联网企业的做法，盲目引入各种软硬件，认为这样能够实现设备及系统的快速更新，快速实现数字化转型。事实上，这也是一种片面的认知。

作为数字原生企业，互联网企业的业务模式依赖各种数字技术实现，其软硬件建设是符合其经营管理需求的。而对于需要进行数字化转型的传统企业来说，其业务以传统业务为主，互联网企业的大规模软硬件投入对很多传统企业来说并不适用。如果一味模仿互联网企业盲目进行软硬件投入，不仅会造成资源浪费，甚至会适得其反，导致数字化转型失败。

在数字化转型过程中，企业需要根据自身资源现状、发展战略、业务运作模式等，有针对性地引入数字化设备和系统，实现业务的数字化转型。例如，引入智能生产设备、智能生产管理系统，打造数字化生产线；建立销售部门与生产运营部门的数字化连接，实现部门间的高效协作等。企业可以通过一些能够短期见效的数字化项目实现“速赢”，增强数字化转型成功的信心。在此基础上，企业可以根据数字化规划分步骤投入资源，实现价值最大化，在转型的道路上走得更稳、更远。

4.2 价值再造：重组商业模式

企业的商业模式是企业创造价值的基础，也是企业战略体系中业务战略的深化。在企业数字化转型过程中，企业有必要进行商业模式重构，实现商业模式的数字化创新。

4.2.1 以数据驱动产品发展

在数字化时代，数据变得越来越重要，成为商业模式数字化创新的重要驱动力。企业可以以数据驱动产品发展，进而实现商业模式的创新。

以数据驱动产品发展体现在产品设计、产品运营、产品迭代等多个方面。

1. 以数据驱动产品设计

在产品设计方面，企业可以收集并分析市场需求、市场竞争情况等数据，了解市场需求与竞争对手的情况，找到市场中的机会，以此指导产品设计。相较于以往依据经验进行产品设计，数据驱动的产品设计能够根据市场需求、竞争环境等因素评估不同设计方案，帮助企业确定最佳方案。这能够降低企业产品设计的风险，提高成功率。

2. 以数据驱动产品运营

在产品运营方面，数据驱动能够实现精准运营。例如，借助网络分析工具，企业可以综合分析各渠道的数据，了解目标用户的需求、偏好、行为习惯等，制定有针对性的营销方案。同时，在投放营销内容后，企业还可以通过数据分析明确不同内容的营销效果，并有针对性地进行内容优化。

再如，在平台化产品内容运营方面，企业可以通过智能算法对平台海量数据进行处理与分析，做出智能化的运营决策，如提升优质内容的曝光率、根据用户的个性化偏好推送符合其需求的个性化内容等。

3. 以数据驱动产品迭代

产品迭代的目的是提升用户体验和产品的竞争力。通过数据分析，企业可以了解产品的缺陷、用户的需求等，明确产品迭代的方向。数据驱动的产品迭代能够在全面、准确的数据的指导下，确保每一次迭代都更加精准、高效。

很多平台化产品都通过数据驱动实现了商业模式创新。以抖音为例，作为一个聚集着海量用户、具有巨大影响力的短视频平台，抖音的成功与其极具竞争力的商业模式密切相关。其商业模式的核心在于算法驱动的内容分发机制，为用户推荐符合其偏好的个性化内容，并通过在短视频中插入广告的方式，实现商业变现。抖音的商业模式体现了数据驱动思维，这主要体现在以下几个方面。

1. 明确用户需求

抖音中聚集着海量的用户，而对用户进行数据分析是了解用户需求的重要途径。通过用户数据分析，抖音能够了解用户的兴趣、消费偏好、地域分布等信息，进而进行精准的目标用户定位。同时，借助数据分析，抖音还能够了解用户在平台中的行为习惯，进而进行精准的内容推荐。

2. 广告精确投放

通过对用户行为数据进行分析，抖音能够根据用户的需求和消费偏好实现广告的精准投放。这能够提高广告的点击率和转化率，提升用户体验。

3. 内容持续优化

数据驱动思维也体现在抖音的内容优化方面。抖音会通过数据分析了解用户对不同类型内容的喜好程度，并根据数据分析结果对内容审核和推荐策略进行优化，提高内容对用户的吸引力。

4. 精细化运营活动

数据驱动思维也体现在抖音活动的策划与运营中。通过数据分析，抖音可以了解用户对不同活动的参与度和反馈情况，有针对性地进行精细化运营。例如，抖音会根据用户的互动情况设置奖励，提高用户参与活动的积极性。

抖音从以上多个方面出发，以数据驱动服务，使平台的内容分发更加精准，为用户提供更加个性化的内容与服务。这提高了抖音商业变现与价值创造的能力，使其商业模式更具竞争力。

4.2.2 共享经济最大化资源价值

共享经济是一种新型数字化商业模式，其借助数字化平台，通过资源共享，创造更大价值。共享单车、共享充电宝等都是共享经济的具体体现。

平台化运营是共享经济商业模式的主要特点。共享经济平台通过连接各方参与者，为其提供沟通、交易等一站式服务，进而实现资源的优化配置和高效利用。借助互联网、大数据、人工智能等技术，共享经济平台能够精准匹配供需双方需求，提高平台运营效率。同时，借助完善的信用体系和监管机制，共享经济平台能够有效保障平台运营的公平与安全。

共享经济商业模式的核心优势在于能够实现资源价值的最大化。共享经济商业模式能够对闲置资源进行整合与优化，使得闲散资源能够得到高效利用。通过资源共享，共享经济平台能够为供需双方提供便捷、高效的服务，促进经济的可持续发展。

此外，在盈利模式方面，共享经济商业模式具有多种盈利渠道，如收取交易佣金和广告费用、提供数据服务等。多元化且稳定的盈利模式使得这种商业模式能够稳定发展，为企业提供更多的发展机会。

当前，已经有不少企业采用共享经济商业模式并获得成功。以美国房屋短租服务公司 Airbnb 为例，它的出现改变了人们旅行和住宿的方式。Airbnb 采用共享经济商业模式，以数字化平台连接出租房屋的房东与需要租房的用户，为用户提供个性化的住宿选择。

Airbnb 的共享经济商业模式实现了房屋资源的共享。其运营模式简洁明了，房东可以在平台上发布房源信息，用户可以在平台上寻找各种房源，从中选择最符合自己需求的房屋。双方可以在平台上私信沟通，并通过在线支付完成交易。

为了确保交易的安全性，Airbnb 建立了一系列安全保障机制。房东和用户可以在平台上互相评价，提高了交易的透明度和双方的信任度。为了更好地保障房东的权益，Airbnb 还提供房屋保险服务。这让更多房东愿意在平台上分享自己的资源。

Airbnb 商业模式的成功之处还在于其提供了优质的服务。一方面，Airbnb 除了提供标准化的公寓房间外，还提供各种风格的民宿，如别墅、树屋等。这能够满足用户的个性化需求。另一方面，通过 Airbnb 平台，用户能够更好地与当地人建立联系，了解当地的生活方式。这种社区体验能够提升用户的旅行体验。

Airbnb 的共享经济商业模式获得了巨大成功。其不仅为用户提供住宿服务，还提供多样化的生活体验服务，为用户提供了丰富的选择。这种创新的商业模式凸显了 Airbnb 的差异化优势，因此其能够吸引很多用户。

4.2.3 拼多多：独创“社交+拼团”盈利模式

在数字经济时代，企业需要抓住时代风口，对商业模式进行数字化创新，打造新型商业模式，拓展盈利空间。拼多多就是打造数字化商业模式，实现快速发展的典型案例。

从创立到IPO（Initial Public Offerings，首次公开募股）上市，拼多多仅用了两年多的时间。2018年7月，拼多多在上海和纽约两地同时敲钟，以股票代码“PDD”上市。上市当天，其市值达到351亿美元。

那么，拼多多是凭借什么实现快速发展的？答案就是其采用了独创的数字化商业模式。

拼多多依靠“社交+拼团”的模式发展。其通过微信提供流量入口，打造庞大的流量池，快速奠定社交模式的基础，拼团模式所必备的支付工具可以通过微信支付轻易解决。如此一来，拼多多借助腾讯的流量，吸引更多的人加入网购，通过拼单、砍价等玩法吸引消费者将链接分享到微信群、朋友圈，促使消费者拉好友以享受活动的优惠。这样一方面增强了用户的黏性，另一方面提高了交易频次，快速建立起新的生态圈。

拼多多创始人黄峥曾表示，拼多多做的永远是匹配，将好的东西以优惠的价格匹配给适合的人。他在给股东写的信中说：“拼多多建立并推广了一个全新的购物理念和体验——‘拼’。”

“拼”既是拼团也是拼价，拼团建立在成熟的社交商业模式基础上，如腾讯的微信社交；拼价建立在成熟的电商体系基础上，如庞大的物流网络、强大的制造业支持。

拼多多不断对其数字化商业模式进行创新。例如，拼多多力求通过大数据为用户定制差异化、个性化的电商服务，其推出的“新品牌计划”使得大规模、定制化的C2M（Customer to Manufacturer，从消费者到生产者）模式成为可能。

拼多多将原有的商业模式与数字化战略进行了有机结合，同时不断创新自身独有的“拼团”模式，颠覆了现有的行业格局。拼多多的成功具有一定的必然性，其数字化战略值得很多企业学习和借鉴。

4.3 数据驱动：数字化转型核心

数据驱动是数字化转型的核心。数据驱动体现在决策层面，即企业通过采集与分析数据，实现决策优化。在数字化转型的过程中，企业要坚持数据驱动，深度挖掘数据价值，以数据指导决策，提升管理的科学性。

4.3.1 价值：敏捷和精准决策

在数字经济时代，数据成为企业的重要资产。数据资源丰富、善于挖掘数据价值的企业，能够更快地完成数字化转型。

数据对企业数字化转型的价值是巨大的，可以提高企业决策的敏捷性和准确性。一方面，借助数据分析，企业能够快速挖掘数据中的关键信息，及时做出决策，缩短决策周期。另一方面，有了丰富的数据，企业就可以挖掘这些数据背后的规律，预测未来走势，使决策更加精准。

当前，已经有不少企业意识到了数据的价值，并以数据驱动决策。以知名家电品牌美的为例，美的致力于以数据驱动实现智能排产和降本增效。出于一些特殊原因和需求的变化，美的的客户要求的交货期经常临时出现变化，甚至有一些供应商有时会出现跳单的情况。面对此类问题，如果采用人力调度模式去排产，则无法快速调整排产计划，从而影响整个工厂的运营情况。

于是美的使用智能算法模型，在产销计划一体、全价值链协同的基础上通过数据分析实现自主生产和开发，打造了以数据为支撑的高效运营排产体系，并构建智能决策系统，通过大数据智能预测实现精细化排产。这使美的能够在合适的成本、合适的时间和地点将产品和服务交付给客户，更好地满足客户需求。

数据驱动美的智能化排产的升级和优化，让生产运营更加精细、高效，大幅降低了美的的生产成本，助力美的成功实现了降本增效。

4.3.2 变革：从流程驱动到数据驱动

在企业数字化转型过程中，数据扮演着重要角色。通过数据赋能业务，提升业务能力，企业才能更好地实现数字化转型。

在传统企业管理中，企业管理者主要依靠经验与直觉做决策，这种方式存在很多局限性，决策的科学性也难以保证。而数字化转型能够使得业务以数字化形式存在，支持企业管理者通过数据挖掘与分析做出科学的决策。因此，在数字化转型过程中，企业需要以流程为核心，建立基于数据的管理体系，以数据驱动业务运营。

相较于流程驱动，在数据驱动下，企业能够通过收集、分析数据来做出决策、优化业务流程。这能够使企业准确了解市场需求、用户行为等，更好地指导业务运营。以零售业务为例，流程驱动和数据驱动的零售管理模式主要有以下区别。

1. 流程驱动的管理模式

（1）库存管理：遵循固定的补货规则，如当库存降至某一水平时自动补货。

（2）销售策略：依据标准化的促销日历和季节性活动来安排，如每年特定节日进行打折促销。

（3）客户服务：客户服务流程标准化，员工按照既定流程和话术处理客户咨询和投诉。

（4）效率优化：通过标准化流程和操作来提升效率，减少错误和资源浪费。

2. 数据驱动的管理模式

（1）库存管理：库存决策基于实时数据分析结果，包括销售趋势、季节性波动和市场预测。

（2）销售策略：基于对客户数据的分析进行个性化的营销活动，如基于客户购买历史和浏览行为为其推荐产品。

（3）定价策略：根据客户需求、竞争对手定价，根据库存水平动态调整价格。

（4）客户服务：通过分析客户反馈和购买模式来不断改进产品和服务。

通过两者的对比，我们不难发现，数据驱动模式比流程驱动模式更加灵活，能够根据实时数据快速做出调整，能快速适应市场变化。在制定决策方面，流程驱动模式基于预设规则和经验，而数据驱动模式基于数据分析和洞察，在不断变化的市场环境中，后者能够制定相对更明智、适时的决策；在客户服务方面，流程驱动提供了标准化的客户体验，而数据驱动提供了更加个性化的客户体验，更能贴近和满足客户需求。

综上所述，尽管流程驱动具有稳定、高效的优势，但数据驱动更灵活、个性化，这在当今快速变化的市场环境中不可或缺。传统企业普遍采用流程驱动的管理模式，因此它们需要引入数据驱动的管理模式，以适应快速变化的市场环境、满足多元化的客户需求，在数字经济时代实现长久生存和发展。

4.3.3 招商银行：“数智”技术赋能客户服务

在数字化发展过程中，招商银行借助“数智”技术，实现了业务运作的数据驱动，并借数据打造了多样化的智能化产品，提升了客户服务水平。这为想要实现数据驱动的企业提供了参考。

作为以零售业务为特色的商业银行，招商银行始终坚持“以客户为中心”的服务理念，在过去以线下经营为主的时代便获得了客户的广泛认可。在数字化时代，招商银行打造了包括前台、中台、后台的数据驱动的客户服务体系。

前台包括招商银行的手机银行、掌上生活两个 App 及系列微信小程序等，主要负责连接客户。手机银行 App 提供综合性金融服务，可以满足用户的大部分金融业务需求。掌上生活 App 提供餐饮、出行、商城等多项生活服务，涵盖了几乎所有的日常消费场景，搭建了一个连接 C 端客户和 B 端商家的多元数字化金融服务生态。招商银行信用卡、招行微服务等微信小程序提供办卡、查账等基础金融服务。招商银行通过提供一站式的客户服务平台，增强了客户的黏性、提升了客户的满意度。

中台则为前台提供各种数据驱动的服务，包括智能营销、智能运营、智能风控、智能客服等。以智能营销为例，用户标签已经从传统的通用标签进化为大数据标签，通过招商银行各渠道采集的用户行为及交易数据形成了精准的用户画像。

使用大数据流式计算技术，中台可以实现基于地理位置的实时推荐，能够更贴近客户的场景化需求，大幅提高转化率。大数据技术也被用到风控、客服等其他领域，能够降低业务风险，给客户提供更好的服务体验。

后台则为中台提供各项数字化支撑能力。例如，云计算提供基本的计算资源；大数据提供数据存储、管理、分析等服务；人工智能提供各类算法，支撑中台的各项应用。

通过“数智”技术的赋能，招商银行为客户提供了更加智能化、多元化的数字化金融综合服务，不仅为客户带来更好的体验，而且扩大了营收渠道，在数字时代仍然保持零售业务的领军地位。

第 5 章

组织转型：提升数字化响应能力

组织数字化转型是企业在发展过程中，为了适应数字经济发展趋势以及商业竞争格局变化而对组织结构、流程进行的系统性调整。组织的数字化转型能够提升企业的数字化响应能力，为企业数字化转型提供支撑。

数字化组织具有扁平化、动态化的特征，能够打破企业内各部门边界，实现高效运转。在进行组织数字化转型时，企业需要把握组织建设的方向、关注组织内文化的转变，实现组织与企业的共生。

5.1 建设数字化组织的三大方向

数字化组织的建设有三大方向，分别是打造扁平化组织，实现高效管理，提升组织的响应能力；通过资源联合打造生态型组织，实现合作共赢；打造敏捷型组织，以小团队激发个人潜能。企业需要根据自身需求选择合适的数字化组织建设方向。

5.1.1 扁平化：高效管理，提升组织响应能力

扁平化组织强调简化组织架构，减少管理层级，使组织架构扁平化，以实现更高效的管理。大部分的传统企业采用的是金字塔式的组织架构，管理层级多，

组织较为臃肿，信息传递和决策的速度慢，管理效率低。

在数字化时代，市场环境快速变化，技术不断演进，消费者需求不断增长，扁平化组织更能实现高效管理。扁平化组织的优势主要体现在以下几个方面。

（1）快速响应市场变化。数字化时代，市场环境变化迅速，需求多变。扁平化组织架构减少了决策层级，使组织能够更快地做出反应，迅速响应市场的变化。

（2）降低管理成本。扁平化组织能够减少不必要的管理层级，从而降低管理成本，提高整体运营效率。

（3）提高决策质量和透明度。扁平化组织能够提高决策的透明度，有助于组织成员之间建立信任关系并确保所有成员都对组织的发展方向有清晰的了解。

（4）员工参与和授权。扁平化的组织架构减少了管理层级，员工可以直观感受到自己的贡献对组织发展所产生的影响，有助于提高员工的参与度和工作满意度。此外，扁平化组织有利于上级管理者给员工授权，在一些事情上，员工可以自主决策，责任感和归属感更强。

（5）客户中心化。数字化时代，企业要更接近客户。扁平化架构使得一线员工能够更快地获取客户反馈，并快速地做出响应。

（6）适应数字工具和流程。数字工具（如项目管理软件、协作平台）使远程工作和跨地区协作变得更加容易。这减少了信息传递的层级，使组织运作更高效。

总体而言，扁平化组织架构能够实现高效管理，为数字化时代的组织提供了必要的灵活性、创新能力和敏捷性，从而使组织更好地应对快速变化的市场环境和挑战。在数字经济时代，组织架构扁平化是提升组织响应能力和管理效率的有效手段。

5.1.2 生态型：资源联合，共生共赢

数字经济时代，市场环境的变化越来越快，企业发展环境越来越开放，提升

组织的开放性成为组织数字化转型的重要要求。对于一些仍依赖科层组织进行运作的企业来说，搭建更加开放、更加灵活的生态型组织十分有必要。

在传统的科层组织中，一线业务人员没有决策权，虽然他们掌握很多数据，但不能灵活地响应用户诉求。任何决策、方案都要层层审批，而每一次信息传递都可能会导致数据丢失，最上层的决策者掌握的数据往往存在缺失，却需要做最重要的决策，因此企业的决策风险非常高。也就是说，在传统的科层组织中，决策权掌握在高层级别的人手中，最了解用户诉求的人拥有的权力反而最小，企业无法做到以用户为中心，其本质还是以权力为中心。

为了满足组织的开放性需求，生态型组织逐渐兴起。生态型组织是一种开放式的组织模式，类似大自然的生态系统。组织内的成员有自驱力，能够自我管理，组织成员之间在共同的利益和文化牵引下实现共生协同和不断进化，能够快速适应外部环境的变化。

例如，滴滴出行的共享出行平台就是一个生态型组织。在这个平台上，专车、快车司机构成了一个组织，都为平台提供服务。但他们与平台之间不存在雇佣关系，而是一种合约关系。司机进入组织后，会签署一份协议，其中包括市场规则、法律规则、伦理道德等。组织内有竞争，但更多的是合作。这类似于创造了一个生态环境，只有大家共同维护这个生态环境，才能实现共同发展。

生态型组织需要一个运营方。在滴滴出行的共享出行平台中，滴滴公司是运营方，它制定规则和标准，使生态内部活动可以有序进行，并收取服务费用于促进生态体系的发展。滴滴出行的共享出行平台的生态已经从最初的网约车扩展到货运、共享单车、能源等更多领域。生态型组织十分开放，可以提供多种服务，是未来企业组织发展的大趋势。

从传统科层组织到生态型组织，企业的组织架构会越来越灵活、敏捷，权力的作用被逐渐弱化，产品、客户、需求成为中心。

5.1.3 敏捷型：小团队激发个人潜能

敏捷型组织是一种灵活、适应性强的组织架构，能够快速响应外部环境的变化和内部创新的需求。在不断变化的商业环境中，敏捷型组织已成为一种流行的组织形式。

敏捷型组织具有灵活性和适应性，这主要体现在以下几个方面。

（1）敏捷型组织的管理层级减少，能够实现更快的决策和更有效的沟通。

（2）团队在项目管理和决策方面拥有更高的自主性，能够快速适应变化和解决问题。

（3）团队成员来自不同的职能部门，彼此之间可以进行知识共享，有利于推动创新。

（4）快速响应客户的需求和反馈，持续调整产品和服务以顺应市场的变化。

（5）采用迭代的工作方式，持续评估和改进流程、产品和服务。

相较于传统组织，敏捷型组织具有明显的优势：能够更快地响应市场和客户需求变化。员工在决策过程中拥有更大的发言权，工作满意度更高，参与感更强。跨团队合作促进了创新思维的碰撞，有助于生成新的创意和解决方案。持续的客户反馈和调整机制使产品和服务更加贴近市场和客户需求。通过持续迭代，组织可以及时发现问题并解决，降低了项目失败的风险。

敏捷型组织最早来源于软件产品研发领域，根据敏捷方法论（如 Scrum、看板等）的不同，组织中的角色可能会有所区别，但大体上可以概括为以下几种关键角色。

1. 敏捷团队成员

敏捷团队的基础角色包括业务分析人员、开发人员、测试人员、UI设计师（User Interface Designer）、UX设计师（User Experience Designer）等，根据项目需要可能涵盖不同专业领域。他们负责日常的开发工作，包括编写代码、测试、设计等。

2. 产品负责人

产品负责人负责定义产品愿景和方向，以及创建和维护产品待办事项列表。他们是团队与客户以及其他利益相关者之间的关键联络人。

3. 项目经理/团队领导

虽然在纯粹的敏捷环境中，项目经理的角色可能不那么重要，但在一些项目中，他们需要负责协调资源、监控项目进度和预算。

以上是软件产品研发敏捷团队的成员组成，其他领域可以以此为参考形成类似的敏捷型组织。在敏捷型组织中，这些角色通常较为灵活，重视跨职能协作和自主性，而不是严格遵循传统的层级结构和命令链。每个成员都被鼓励积极参与，对项目的成功负有共同责任。

要成功打造敏捷型组织，企业需要采取以下策略。

（1）从传统的等级制文化转变为更加开放和协作的文化。

（2）对员工进行敏捷工作方式的培训，并提供必要的资源支持。

（3）重新设计工作流程，确保它们支持快速迭代和灵活调整。

（4）采用支持敏捷工作方式的技术工具，如敏捷项目管理软件。

（5）定期评估组织的敏捷实践，并根据反馈进行改进。

尽管敏捷型组织具有诸多优势，但在实施过程中也可能面临一些挑战。首先，员工和管理层可能难以适应新的工作方式和管理风格。不同背景和专业的团队成员需要时间来适应彼此的工作方式。其次，需要有效的管理和资源分配，以支持敏捷团队的工作。最后，传统的绩效评估体系可能不适用于敏捷型组织，需要设计新的评估标准。

敏捷型组织是一种适应快速变化的商业环境的有效组织形式，强调个人与交付的重要性，通过实施敏捷原则和实践，组织能够充分激发个人潜能，提高反应速度，促进创新，并更好地满足客户需求。

然而，实现这一转型需要对组织文化、流程和管理方式进行根本性的改变。尽管面临挑战，但敏捷型组织为企业提供了在激烈的市场竞争中增强竞争力的机会。

5.2 文化转变：赋能型文化渗透组织

企业的组织与文化密切相关。企业文化包含了组织的价值观、行为准则、工作方式等，能够为组织数字化转型提供一个良好的环境。因此，在组织数字化转型的过程中，企业需要促进文化转变，打造适应数字化转型的环境。

5.2.1 清晰的愿景是基础

清晰的愿景是组织发展和员工自我管理的基础。组织在数字化转型过程中，需要愿景的指导。企业应当分阶段建立愿景，具体可以分为以下 5 个阶段，如图 5-1 所示。

1. 告知阶段

组织的愿景应当由企业管理者根据组织的实际情况考虑决定，从大方向逐渐细化直至确定最终的愿景内容，并且以简洁、清晰的语言或图表告知组织成员。合理的愿景易于组织成员理解，并能使组织成员根据愿景及时调整自己的工作状态。

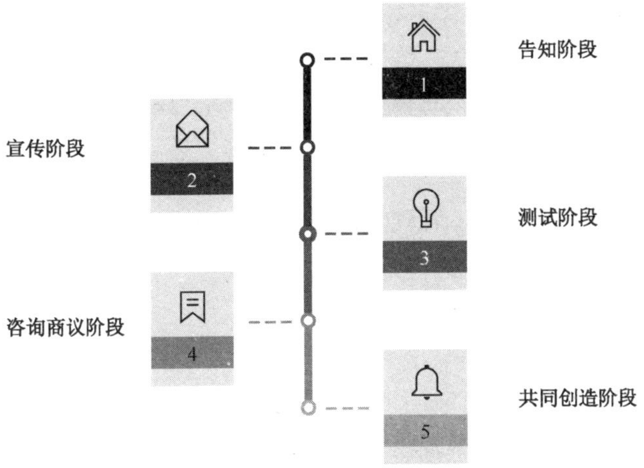

图5-1　企业建立愿景的5个阶段

2. 宣传阶段

组织要对愿景进行全方位、多渠道的宣传，例如，可以将愿景制成海报或者宣传视频来反复宣传，使之深入人心。在这个过程中，企业管理者需要身体力行，在实际情境中以身作则，同时需要随时与成员沟通，鼓励他们自发对愿景进行宣传与践行。

3. 测试阶段

企业管理者应深入了解组织成员对愿景的真实想法，要为成员提供多种信息反馈渠道。管理者应主动寻求并重视来自各层级员工的反馈，通过开展交流会、建立在线反馈系统等方式，鼓励组织成员进行开放、坦诚的沟通，确保每个人的声音都能被听见并被认真对待。

4. 咨询商议阶段

在收集了组织成员的意见后，企业管理者要综合各方反馈，对愿景进行优化、完善，使愿景具有共识性和指引性。

5. 共同创造阶段

该阶段为愿景落地阶段，企业管理者不仅要亲自践行组织愿景，还需通过积极沟通和领导示范，引导团队成员理解并拥抱这一愿景。通过设置实际可执行的短期目标和明确的执行计划，管理者要激发团队的积极性和创造力，共同推进愿景的实现，确保组织朝着预定目标稳步前进。

5.2.2 从管理到赋能

在数字化转型过程中，激发员工的潜力和创造性十分重要。为此，企业需要打造契合数字化转型需求和目标的企业文化，让企业文化为员工赋能。

有些企业只关注高层管理层对企业文化的影响，而忽视了员工在文化建设中的作用。为了驱动企业数字化转型，企业需要推动文化变革，打造赋能型文化。

如何打造赋能型文化？企业需要构建开放、包容、以人为导向的企业文化。

首先，企业需要倡导开放的管理作风。企业管理者需要建立良好的沟通机制，充分信任员工，积极倾听员工的建议，鼓励员工参与到决策中。企业可以搭建向上反馈机制，鼓励员工针对企业存在的问题提出自己的想法，并对其中的创新想法、可行建议等进行奖励，激发员工向上沟通的积极性。这能够在企业内部构建一种开放、平等的文化氛围。

其次，企业管理者需要适当放权，让员工在工作中具有更多自主性，以有效激发员工工作的积极性及创新性，让组织更具活力。企业管理者可以将一些不太重要的工作交由员工全权管理，在员工工作出错时不要马上收回权力，而是对其进行适当的指导，培养员工的独立思考能力和解决问题的能力，并根据最终结果评估员工潜能。

最后，企业需要为员工提供交流的平台，为员工提供成长机会。企业可以选定主题，定期召开交流会。在交流会上，每位员工都可以提出自己的见解，吸取别人的优秀经验，实现自身的成长。持续定期开展交流会，不仅可以活跃企业内的文化氛围，还可以激发员工的想象力与创造力，让员工更具战斗力。

此外，企业还可以聚焦数字化转型，定期举办创意比赛。这可以提升员工的创新能力，让员工更加积极地参与到企业数字化转型工作中。

赋能型文化能够为员工的成长提供助力，提高员工的自我驱动能力。基于此，员工会更乐于接受有挑战性的工作，主动发挥自己的智慧和技能，在工作中创造更大价值。这正是企业数字化转型的重要驱动力量。

5.2.3 以OKR管理新一代

OKR是一种目标管理工具，其中，O为Objectives（目标），KR为Key Results（关键结果）。OKR能够帮助企业明确管理目标，并追踪影响目标实现的关键结果。面对充满创造力与活力的新一代员工，企业通过OKR管理可以更好地激发他们的潜力，提高其工作效率。这能够激发组织活力，实现组织的自我驱动。

OKR的管理理念正得到越来越多企业的认可，尤其是互联网行业的头部企业。它们纷纷开始应用OKR，北京字节跳动科技有限公司（2022年更名为“北京抖音信息服务有限公司”）就是其中的典型代表。字节跳动旗下的产品和业务快速扩张，在市场上占据了领先地位。其快速发展的背后离不开OKR的支持。

在字节跳动，OKR可以记录员工的工作情况，并向所有人公开，普通员工也可以查看总裁的OKR。员工的工作内容与工作目标是公开、透明的，管理层的管理工作进行得非常顺利。

目前，很多企业员工的工作内容和工作目标只有员工自己与上级管理者知道，这就在员工之间竖起了一道隐形的屏障。而字节跳动希望打造透明的企业文化，为员工营造一个充满信任和归属感的工作环境。实施OKR是字节跳动对企业文化的生动诠释，极大地提高了组织的活力，使其焕发出勃勃生机。

通过 OKR 管理员工具有诸多优势，主要体现在以下几个方面。

1. 提高员工的参与度

OKR 可以使员工的工作变得公开、透明，从而增强员工的责任意识，提升员工的工作效率与忠诚度。同时，OKR 还能创造更轻松的工作氛围，员工可以在这样的氛围中畅所欲言，提高自身在团队协作、企业管理中的参与度。

2. 确保方向和行动一致

利用 OKR 进行管理不仅能够让员工明确企业的战略、发展目标、愿景等，还能够帮助其理解自己在团队中扮演的角色。如此一来，员工在工作时会更积极、主动，协作意愿与决策能力会更强。如果员工与员工之间，部门与部门之间的目标、关键结果、目标完成进度等都是公开、透明的，就可以确保所有人的方向和行动是一致的，从而节省沟通时间，更高效地解决问题。

OKR 会将一些不涉及机密的信息公开，这会使企业的文化与员工的工作更透明，员工更信任企业，更有归属感和主人翁意识。企业利用 OKR 管理员工，有助于形成积极、健康的文化氛围，使企业上下团结一致，朝着共同的目标努力。这对于促进企业文化转型、打造积极向上的企业文化具有推动作用。

5.2.4 Netflix：打造与时俱进的企业文化

良好的企业文化可以营造积极的文化氛围，使员工主动参与到数字化转型中来，推动企业数字化转型的进程。当前，很多企业都在打造与时俱进的企业文化，以企业文化推进数字化转型，例如，流媒体播放平台 Netflix 在这方面做出了良好范例。

对于 Netflix 而言，企业文化是促进其发展的核心动力。在企业文化的帮助下，Netflix 打造出具有极强的数字化创新与内容生产能力的团队，效益呈指数级增长。

曾任 Netflix 首席人才官的帕蒂·麦考德（Patty McCord）将 Netflix 的企业文化总结为八大准则，如表 5-1 所示。

表 5-1　Netflix 企业文化的八大准则

准则一	只招成年人
准则二	要让每个人都理解公司的业务
准则三	绝对坦诚，才能获得真正高效的反馈
准则四	只有事实才能捍卫观点
准则五	从现在开始组建未来需要的团队
准则六	员工与岗位应该高度匹配，而不仅仅是匹配
准则七	按照员工带来的价值支付薪酬
准则八	离开时要好好说再见

文化的形成不可能一蹴而就，Netflix 打造企业文化的方法可以总结为以下 5 个步骤。

（1）提出文化理念。企业需要提出合适的文化理念，如以高品质服务为宗旨、以用户为中心等。文化理念可以引领全体员工向正确的方向前进。一般来说，文化理念不需要太长，最好是生动、短小的语句，这样更易于员工记忆。

（2）把企业文化编制成手册。企业可以将文化以手册的方式呈现出来，并将其作为员工的行为纲领，以及开展各项工作的基本准则。如今，很多企业都通过手册将企业文化传递给员工，通过这种方式加深员工对企业的文化理念、价值观的认知。

（3）创办企业内部刊物。为了促进企业文化传播，企业可以创办内部刊物，将文化改编成故事呈现给员工，使文化具象化，有承载的主体。这样员工可以更直观地感受到文化的内涵和魅力，从而愿意主动弘扬企业的价值观和文化理念。

（4）定时举办培训宣讲会与文化活动。只有企业反复对员工开展培训、员工反复学习，员工才能对企业及其文化产生更强烈的认同感。企业可以举办各种各样的活动，如演讲赛、辩论赛、分享会等，将企业文化高频次地传递给员工，让员工在潜移默化中受到企业文化的熏陶，从而主动在工作中践行文化。

（5）管理层示范。正所谓“上行下效”，管理层的示范作用是非常重要的，如果管理层能在文化认同方面起到示范作用，员工也会自发地接受企业文化。

良好的文化氛围可以增强员工对企业的认同感，从而增强企业的核心凝聚力。企业应该从Netflix的八大文化准则中得到启发，用企业文化助推技术和产品发展，在激烈的市场竞争中占据有利地位。

5.3 共生：创造更大价值

在组织转型过程中，企业需要促进不同组织之间的合作，实现组织之间的协同共生。协同共生的组织之间可以实现资源共享与高效协作，创造更大价值，推动企业的发展。

5.3.1 扩展组织边界

在数字经济时代，市场中的不确定因素越来越多，对企业组织提出了更高的要求。一旦组织无法跟上市场的变化，就会被竞争对手赶超。企业需要对组织的升级迭代引起重视，积极进行组织重组，打造跨界合作的生态网络，实现组织的长久发展。

打造协同共生的组织能够帮助企业适应市场变化。协同共生的组织是一种高效合作的组织形态，其中的企业共享资源，共创价值。这能够融合更多资源，通过组织协作高效完成项目，使企业获得更多利润。

要想打造协同共生的组织，企业就需要打破并扩展组织边界。一般来说，组织有三种边界，分别是上下级之间的垂直边界、不同职能部门之间的水平边界、企业内外之间的外部边界。一些发展成熟的企业，组织内部的边界很清晰，在明确的权责界限下，员工往往只关注自己的工作，而忽视对企业整体发展的思考。

要想打造协同共生的组织，企业需要打破并扩展以上三种边界。具体而言，企业需要做好以下几个方面。

1. 打破垂直边界

在打破垂直边界方面，一方面，企业需要精简组织架构，去除冗余层级，让组织更加扁平化。另一方面，企业需要打破职位等级这种僵化的定位，将权力下放到基层，让员工有一定的自主权，让对结果负责的一线员工做决策。这需要企业明确授权制度，在让员工有更多自主权的同时也不能忽视对员工的管理。

2. 打破水平边界

打破水平边界指的是企业要打破各个职能部门之间的边界，使计划、生产、销售等部门连接，建立统一的跨部门协作系统。这能够打破组织内部的壁垒，让各部门的协作更加灵活，提升组织运转效率，产生更大价值。

3. 打破外部边界

在打破外部边界方面，企业需要加深与外部的连接，如与供应商连接，实现供应链的高效运转；与经销商连接，拓展销售渠道；与其他企业结成联盟，共同探索新市场等。企业可以充分利用数字化技术增强外部协同能力。

扩展组织边界是打造协同共生组织的重要举措。组织边界被打破，企业可以融合更多的外部资源，产生更大效益。

5.3.2 数字连接生态

当前，数字技术已经成为推动组织变革的重要力量。在数字技术的支持下，各组织之间可以实现广泛连接和顺畅的协作，组织协同更加高效。

美国通用电气公司（General Electric Company，简称 GE）的转型之路，展示了企业如何在数字生态中与其他组织共生，以实现价值的最大化。通用电气早在数字化转型浪潮还未席卷全球时就开始了战略转型。面对制造业的传统模式和挑战，通用电气通过引入和发展先进的数字技术，如物联网、大数据、云计算等，开始了从传统制造公司向数字工业公司的转型。这一转型的核心在于其数字化部门 GE Digital 和 Predix 平台。

Predix 平台是一个旨在连接工业设备、分析数据和优化操作的工业互联网平台。通过 Predix 平台，通用电气能够收集和分析来自其制造设备的海量数据，不仅提高了设备的性能和效率，还能为客户提供基于数据的洞察，帮助他们预测维护需求，缩短停机时间。这显著提升了通用电气的数字化响应能力，使其能够快速适应市场变化和客户需求，进而在激烈的市场竞争中保持领先地位。

在数字连接生态中，通用电气不仅关注内部转型，更致力于构建开放的合作网络，与不同行业的企业、创新者和技术提供商共同工作、共生共赢。例如，通用电气通过其合作伙伴计划，将 Predix 平台开放给其他企业和开发者，鼓励他们开发新的应用和服务。这不仅扩大了 Predix 平台的生态系统，还促进了跨行业的创新和合作。

通用电气的数字化转型和生态共生策略，不仅给自己带来了业务增长和效率提升，还推动了整个行业向更高效、可持续的方向发展。通过分享技术、资源和知识，通用电气在全球范围内建立了强大的合作网络，该网络中的主体共同面对行业挑战、探索新的商业机会。

通用电气的案例证明，组织转型并不仅仅是技术的更新换代，更是一场全方位的战略革新。在数字生态中实现共生，要求企业不仅要有前瞻性的技术视角，还要有开放、合作的心态，以及持续创新的企业文化。

组织转型是一个持续的过程，需要企业不断地学习新知识、新技术，适应外界变化，积极进行创新。这样企业才能在数字时代实现长远发展，获得成功。

5.3.3 万科采筑：共享行业供应链

万科采筑电商平台是由万科企业股份有限公司、深圳市晋承鼎盛投资有限公司等联合发起成立的第三方 B2B（Businese to Businese，商业对商业）建材采购交易服务平台。其依托于万科地产在集中采购、新品研发、质量管理等供应链管理领域几十年的经验积累，面向房地产行业提供标准制定、联合招标、质量检测等服务的地产供应链协同发展新模式，帮助客户从源头把控质量，降低成本，提高采购效率，同时提高采购行业透明度，推动地产供应链服务水平提升。

万科采筑最初是万科集团的采购部门，在 2017 年转型成为一家独立的建材产业互联网企业。2020 年，其年交易额超过 2 000 亿元；2021 年，其年交易额超过 2 800 亿元。如今，其具备了相当大的规模，是一个比较典型的传统企业数字化转型成功案例。

万科采筑面向建材行业，通过提供金额透明和过程透明的高效供需匹配服务，包括联合招标、质量检测以及采购相关的供应链金融服务，收取交易服务费用。这个模式高度依托万科采筑所打造的数字化科技服务平台，不仅能够扩大万科及其合作伙伴的采购规模，降低采购成本，而且能够营造透明的交易环境，帮助万科向外输出多年积累的专业能力，实现行业、采购方、供应商多方共赢。

万科采筑的数字化科技服务平台由一系列数字化产品组成，包括在线采购平台、人工智能招标机器人 BumbleBee 和采筑商城 App 等。在线采购平台提供高效、透明化采购服务；人工智能招标机器人 BumbleBee 自动完成筛查和报告输出，实现招标流程线上化、透明化；采筑商城 App 能够呈现最新的招标进展和招标资讯。万科采筑经营模式的成功离不开这些科技工具的赋能。

万科采筑是传统行业数字化转型的代表性案例，通过联合建材产业的供应链生态，借助数字化平台和工具，将自身的供应链采购平台拓展为整个建材产业的头部采购平台。万科采筑提升了万科集团的采购效率，给万科集团的业务增长带来新的驱动力，并为传统企业进行数字化转型提供了参考。

第6章 人才转型：数字时代的角色定位

人才管理对企业持续创新、增长具有重要意义。以合适的人才管理策略促进人才的数字化转型，对企业的数字化转型十分重要。越来越多的企业意识到，只有拥有充足的数字化人才，才能够推动数字化转型顺利进行。为此，企业需要做好基层员工管理和管理层优化，并健全企业管理体系，实现数字化人才体系化管理。

6.1 基层管理：提升员工的综合能力

在数字经济发展和数字化转型的大趋势下，企业发展面临着新的机遇和挑战。这对员工的能力素养提出更高的要求。企业需要做好基层管理，提升员工的综合能力，让员工能够跟得上时代发展的要求，积极参与到企业数字化转型中来。

6.1.1 多岗锻炼，激发员工潜能

在对员工进行管理、提升员工综合能力方面，让员工进行多岗锻炼是一种很好的方法。这有助于员工学习多种能力，激发员工潜能。

企业可以通过岗位轮换的方式让员工实现多岗锻炼，挖掘员工潜力。岗位轮换拓宽了员工的工作范围，让员工能够较为熟练地掌握两个甚至多个岗位的工作

技能，成长为极具价值的复合型人才。

让员工尝试新工作可以激发其工作热情，提高其工作效率。新的工作会使员工有新鲜感，因此会在新的岗位上释放更大的能量。这既能调动员工的积极性，又能让员工掌握新的技能。

同时，让员工多尝试新工作可以增进员工之间的沟通交流，达到促进团队协作的目的。团队中不同岗位的成员有不同的分工，而一些员工可能会只关注自己的工作，而忽视了团队的整体性，在工作中缺少与同事的沟通。而多尝试新的工作可以让员工相互理解，强化协作，团队也能发挥出更大的价值。

此外，管理者可能对一些员工的了解不够深入，员工对不同工作的了解也比较欠缺，因此在安排工作时，管理者可能不了解员工适合哪些工作，员工可能也不明确自己在哪个工作岗位能发挥最大价值。而让员工多尝试新工作，可以让管理者对员工有更清晰的认知，从而为员工分配最适合他的岗位，以最大限度激发员工的潜能。

6.1.2 透明化管理，让员工参与管理

企业管理中存在这样一种现象：企业管理层与员工层之间存在一道屏障，企业管理者没有给员工指出发展方向，员工不理解企业层面的战略、目标等。这导致员工难以明确自身在企业中的位置，不了解自己需要怎样做才能促进企业目标实现，员工的工作积极性难以被激发。

因此，企业管理者要实行透明化管理，让员工了解企业发展、经营、管理的目标和方向，增强对企业的信任，使员工从单纯的劳动力转变为企业管理的参与者，增强员工的责任感，从而激发员工的积极性。

透明化管理可以实现信息的公开和共享，减少误解和沟通成本，从而提高决策和执行的效率。同时，管理透明化有助于企业管理者及时识别和管理风险，因

为问题不会被隐藏。透明的环境能够鼓励员工分享想法、积极反馈，这有助于企业创新和持续改进产品和服务。

要想做好透明化管理，企业需要关注以下几个要点，如图 6-1 所示。

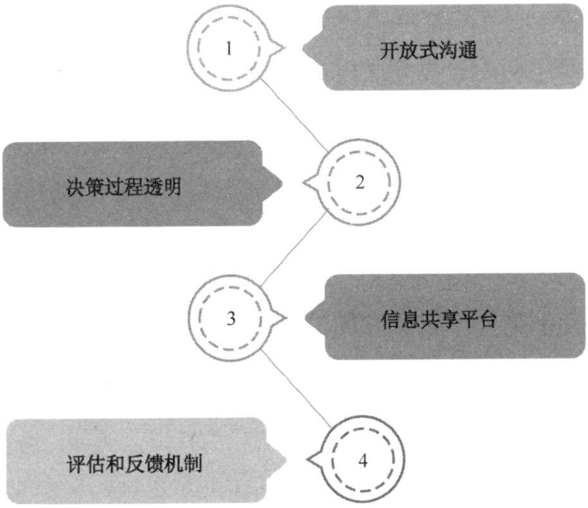

图 6-1 做好透明化管理的要点

1. 开放式沟通

开放式沟通提倡信息在组织内部公开、共享，而不是仅限于高层管理者之间公开、共享。定期组织全员会议、部门会议，员工通过内部通信工具讨论公司政策、业绩、目标等，能够确保信息顺畅流动，员工能够及时获得重要信息。开放式沟通还能够使企业接收员工的反馈，有助于管理层了解来自客户及运营层面的问题及建议，从而优化决策。

2. 决策过程透明

要做到决策过程透明，首先，企业要制定和公开标准的决策流程，明确哪些人或部门负责做什么决策，确保责任和角色清晰。其次，企业要分享决策背后的数据、分析结果和相关信息，让员工理解决策的依据。再次，企业需要在决策过程中通过各种渠道收集员工的意见和建议，尤其是那些直接受决策结果影响的员工的意见和建议。最后，企业需要通过会议及其他内部通信方式，公开决策过程和结果。

通过这些措施，企业可以确保决策过程不仅在高层管理者之间实现透明，而且对所有员工都是透明的。决策过程透明有助于员工对企业建立信任、提高员工的参与度和满意度，同时也提高了决策的质量和员工的接受度。

3. 信息共享平台

打造信息共享平台是企业提高效率、促进知识共享和增强团队协作的关键。企业中的信息包括战略、组织、经营、业务、项目、财务、市场、技术、知识等多维度的信息，信息的共享离不开工具的支持。

企业可以通过不同的工具实现多维度信息的共享，例如，通过 ERP 系统及其他信息管理系统实现组织、业务、财务、项目、市场等信息的共享。这有助于信息跨部门流通，促进不同部门之间的协同。

内部的通信平台和协同办公平台能够实现战略以及经营信息的共享，可以让员工及时了解企业战略及目标并将自己的目标与企业目标对齐。即时通信工具可以让企业中的每个人实现实时连接，让信息能够高效地传递和流动。

企业内部知识库和学习平台可以共享技术及知识信息，让员工能够快速获取工作需要的相关知识，并且通过在线培训提升工作技能。

4. 评估和反馈机制

企业建立透明的评估和反馈机制是提高员工参与度、绩效管理效率和促进持续发展的关键。以下是建立评估和反馈机制的一些要点。

（1）明确评估标准和目标、周期。这能够确保评估标准具体、明确且易于理解，确保评估标准与企业的整体目标和价值观相一致。

（2）沟通和透明度。企业管理者应与员工分享评估标准和流程，确保他们了解评估的目的和方法；定期通报评估流程的更新；鼓励及时的日常反馈，而不仅仅依赖定期评估。

（3）参与式设计。在设计评估流程时，企业管理者应参考员工的意见和建议；采用360度多元反馈评估法，这包括来自同事、上司、下属的评估及员工自我评估；定期收集员工对评估流程的反馈，并据此对其进行改进。

（4）公正和一致性。企业管理者应确保所有员工都按照相同的标准进行评估，采取措施防止和解决潜在的偏见和不公平现象。

（5）评估结果的应用。企业管理者可以基于评估结果制订员工个人发展计划和培训计划；将评估结果与奖励、晋升等相关联。

通过关注并践行以上要点，企业可以建立透明、公正且有效的评估和反馈机制。这不仅有助于提高员工的绩效和满意度，还能促进整个组织的持续改进和发展。

6.2 管理层优化：创新力+洞察力+应变能力

在企业数字化转型过程中，管理层也需要与时俱进，提升创新力、洞察力、应变能力，以更高的能力素养提升管理效率和管理水平。

6.2.1 管理者必备的四大创新能力

优秀的管理者具备很强的创新能力，能够在管理中发挥创造力，让工作安排更加合理。而创新能力正是数字化转型趋势下，管理者应对复杂管理局面应必备的能力。具体而言，管理者需要具备以下四大创新能力。

1. 质疑能力

质疑能力是提出正确问题的能力，一个好的问题往往会激发出许多的答案。

管理学家彼得·德鲁克（Peter F.Drucker）曾言："最重要、最艰难的工作从来不是找到对的答案，而是问出正确的问题。"质疑能力会为解决问题打开一个新的思路，让管理者发现另一种可能性，这种可能性往往是创新的突破口。

知名企业家埃隆·马斯克（Elon Musk）经过多年探索，创立了专注电动汽车研发的特斯拉和专注航空航天探索的 SpaceX。其成功离不开其强大的质疑能力。马斯克习惯于质疑常规假设，持续寻求改进的方法。

马斯克鼓励批评性思维和反馈，他相信通过挑战和质疑现有的想法和过程，可以发现创新的解决方案。他认为，寻求并认真对待负面反馈是进步和创新的关键因素。这种方法帮助他和他的团队在解决复杂问题和开发新技术方面保持领先。

2. 解决问题能力

解决问题能力指的是管理者在面对新的或复杂的挑战时，能够以创造性和有效的方式找到解决方案的能力。这种能力在创新过程中尤为重要，因为创新往往需要解决之前未曾遇到或未被解决的问题。具体来说，解决问题能力包括以下几个方面。

（1）创造性思维：能够想到不同于常规的解决方案，跳出传统思维模式，生成新颖的想法和独特的解决方法。

（2）批判性思维：分析问题的根本原因，而不仅仅是表面现象；评估不同解决方案的可行性和潜在影响。

（3）系统性分析：理解问题的复杂性和多维度；考虑问题的各种相关因素和潜在的连锁反应。

（4）资源利用：有效利用可用资源，包括时间、人力、信息和技术；寻找和整合外部资源以强化解决方案。

（5）团队协作：与他人协作，汇集不同的观点和专长；在团队中促进有效的沟通和协作，以共同解决问题。

在创新过程中，解决问题能力不仅涉及找到解决方案，还包括对问题进行深入理解、运用创造性思维、测试和实施解决方案。这种能力是推动创新和实现持续改进的关键。

3. 试验能力

试验能力是指在探索新想法、验证假设或解决问题时，设计和执行试验的能力。这种能力对于科学研究、产品开发、业务创新等至关重要。

具体来说，试验能力要求针对新的创意设计明确的目标、流程以及选择合适的技术和工具，在试验过程中收集相关数据，使用适当的统计方法和工具分析数据，得出结论；识别试验中的潜在偏差和局限性，根据试验结果进行迭代，不断改进创意和想法。试验能力是检验新想法和创意的关键，通过试验判断设想是否能够达到预期的效果，可以快速低成本验证创意的可行性。

互联网产品的灰度测试就是典型的试验。产品团队将更新后的新产品推送给一小部分用户，而不是面向所有用户开放。之后，产品团队会在实际使用环境中监控新产品的性能和稳定性，收集用户的反馈，以判断新产品是否达到预期效果。最后，产品团队会根据收集到的数据和反馈对新产品进行调整和优化，在全面推广之前确保新产品的质量没有问题，能够给用户带来良好的体验。灰度测试是一个有效的试验方法，用于在新产品全面上线前识别潜在问题，以最小化风险，确保产品质量，提高用户满意度。

4. 跨界思维

跨界思维指的是在不同领域、学科或行业之间进行思维和知识的交融与融合，以产生新的想法、方法或产品。这种思维方式打破了传统界限，将看似无关的概念结合起来，从而推动创新和打造创造性的解决方案。

跨界思维需要管理者具有开放的心态、多元的知识和创造性思考能力，涉猎不同的学科和领域，如艺术、自然科学、工程、社会科学等。同时，管理者需要尝试在学习过程中进行跨学科的思考和应用，与来自不同背景和专业的人交流和合作，尝试将跨领域、不相关的概念整合在一起。

智能可穿戴设备是跨界思维的典型应用，例如，智能手表是集时尚设计、健康监测功能和智能手机功能于一体的设备，既是一款具有时尚外观的手表，又可以监测用户的健康状况、追踪用户的运动状态，甚至还能进行语音和视频通话。

在当今这个高度互联和多元化的时代，跨界思维成为驱动创新的重要力量。企业管理者应具备跨界思维，不断提升自己的创新能力，推动企业实现创新、可持续发展。

6.2.2 构建数字时代洞察力

在数字时代，洞察力是一种关键能力，它使管理者能够理解并适应快速变化的外部环境。以下是数字时代管理者培养洞察力的几个关键点，如图 6-2 所示。

图 6-2 数字时代管理者培养洞察力的关键点

1. 对技术趋势的洞察

管理者需要识别和理解新兴技术的发展趋势，如人工智能、大数据、物联网、区块链等，并且预测这些技术如何影响行业和市场。管理者更早地了解并应用这些先进技术，能够让企业取得一定的竞争优势。

2. 对消费者的洞察

管理者需要理解数字化如何改变消费者的行为、需求和期望，并利用数字工具和数据分析来洞察消费者偏好和市场动态。只有充分了解消费者，管理者才能确保产品或服务更贴近消费者的诉求。

3. 对商业模式创新的洞察

管理者需要洞察数字化环境下新的商业模式和运营方式，理解如何通过数字化转型来优化或重塑业务。这可以帮助管理者充分利用数据分析洞察业务和市场趋势，并根据数据制定策略，进行更精准的决策。

4. 对文化和社会趋势的洞察

管理者需要理解数字化如何影响社会、文化和用户行为，洞察这些变化对组织和行业的影响。同时，管理者需要具备全球视野，明确全球化趋势和跨国市场中的机遇与挑战，特别是跨国企业的管理者，更要充分理解不同地区文化和社会发展趋势。

5. 对合规和安全的洞察

管理者需要深入理解数据合规和安全的重要性，洞察潜在的网络安全威胁，遵守相关的法律法规。

在数字时代，管理者具备敏锐的洞察力对引导组织适应环境变化、抓住新机遇、降低风险、推动企业实现持续发展至关重要。

6.2.3 提升自身应变能力

数字化时代，快速变化的技术环境要求管理者具备强大的应变能力。这种能力使管理者能够更好地迎接新的挑战，抓住新的机遇。应变能力主要体现在适应性、敏捷性和持续学习这几个方面。

1. 适应性

当前，市场环境、技术日新月异，管理者需要保持开放的心态，接受并适应新情况和变化，同时学会拥抱变化，将其视为学习和成长的机会。面对挑战和压力，管理者需要保持冷静和专注，不要沉溺于失败，而要快速调整状态，始终保持积极向上的态度。此外，管理者需要快速掌握和应用新兴的数字技术。

2. 敏捷性

在快速变化的环境中，管理者需要具备灵活、敏捷的思维，能够迅速调整策略和操作。管理者需要采用敏捷方法来管理项目和员工，快速响应市场变化，能够在不确定和快速变化的环境中高效开展工作。

3. 持续学习

管理者需要进行终身学习，不断地提高自身的专业技能和知识水平，以适应新环境和新角色带来的挑战。同时，管理者也应该持续关注技术发展趋势，确保自己的技术和知识技能能够与时俱进。

在数字化时代，具备灵活应变的能力对于管理者来说至关重要。具备灵活应变能力的管理者不仅能够引领企业在竞争激烈的环境中更好地生存和发展，而且能够抓住新的机遇，使企业实现持续发展，最终获得成功。

6.3 健全管理体系：实现数字化人才体系化管理

数字时代，企业亟须进行数字化转型，因此，对数字化人才的需求越来越大。为了管理、培养数字化人才，持续推动数字化转型，企业需要建立完善的数字化人才管理体系。

6.3.1 建设数字化人才库

随着数字化转型的深化，企业对高素质数字化人才的需求猛增。为此，企业需要打造数字化人才库，以推进自身的数字化布局。

企业可以从以下两方面入手打造数字化人才库。

一方面，企业需要建立数字化人才信息库，对企业的现有数字化人才及储备数字化人才进行管理，不断沉淀外部的优质储备人才，为自身的数字化人才战略提供强有力的支撑。

在这个过程中，企业需要将内外部的简历资源进行全面整合，并利用大数据、人工智能等技术对简历进行筛选与解析，分别绘制岗位与所需人才的画像。通过这种方式实现人才与岗位的最佳适配，从而快速选定符合企业发展战略与业务发展需要的岗位候选人。

另一方面，企业需要挖掘数据价值。数字时代，企业应该借助数据分析技术、工具等，深入挖掘人力资源数据的价值，利用数据明确自身对人才的需求，提升人力决策的科学性。

建设数字化人才库后，企业就可以在此基础上构建数字化人才管理系统，自动生成团队绩效、招聘效能、招聘结果分析报告等可视化图表。这些可视化图表可以帮助管理者直观地了解企业的人才需求，提升储备人才的质量。

在数字时代，人才的地位越来越突出，企业需要围绕数字化转型战略与人才需求，建设数字化人才库，实现动态的人才管理，推动自身的数字化转型进程。

6.3.2 培养数字化人才

在人才管理与人才培养方面，企业可以构建数字化人才训练营，强化人才的能力。强大的人才能力支撑能够加速企业数字化转型进程。

企业若想构建一个功能完备的数字化人才训练营，需要做好以下几个方面。

首先，企业要在内部统一数字化的理念。不同岗位的员工对数字化的理解不一样，对数字化方法的认知也不一样。例如，管理者、产品经理和工程师对数字化的侧重点的理解是不同的。

数字化转型是一个长期的过程，在这个过程中员工需要不断学习新的知识、技能。企业需要与员工就数字化转型建立统一的认知，让员工主动参与到转型工作中来，并持续进行自我提升。

其次，企业需要明确自己需要什么样的人才。企业需要根据战略目标和组织发展需要，明确人才需求，以及满足人才需求的路径。企业可以采用内外结合的方式，即内部培养和外聘并举，根据岗位的能力要求培养、招聘相应的人才。

选择内部培养还是外聘，企业需要考虑两个因素：紧迫性和成本效益。如果对人才的需求较为紧迫，外聘无疑是更好的选择，但外聘的成本更高。而内部培养能够为内部员工提供更多的发展空间，提升员工的忠诚度和满意度，是一种更经济的形式，但需要企业投入更多的时间和资源。通常，最佳策略是内部培养与外聘两种方式结合使用，以满足即时和长期的人才需求。每个企业的情况不同，因此企业需要根据自身的具体情况和战略需求来做出科学的决策。

无论是技术人才、业务人才，还是管理人才，都需要了解数字化管理体系方法论，如敏捷方法、设计思维等，以更好地赋能企业的数字化转型。企业要确保培养出的数字化人才了解数字化转型的标准和要求，如此一来，员工就能在数字化项目的实施中统一步调、高效协作。

需要注意的是，要推动组织提升与人才落地，只有培训是远远不够的。市场环境复杂多变，人才通过培训所获得的知识技能需要在实战中进行演练，否则只是纸上谈兵。企业可以通过将实际项目或业务场景与人才培训所学知识建立关联，使知识体系与实际业务产生真实连接。这样才能够让数字化植入公司每个人的心中，才能推动组织平稳运转。

企业培养数字化人才的根本目的是确保组织能够充分利用数字技术来优化运营、产品和服务，以及提高市场响应速度。数字化人才能够帮助企业解锁新的增长潜力，提升用户体验，助力企业在激烈的市场竞争中脱颖而出。

通过开展数字化人才培训，企业不仅能提高内部效率和生产力，还能培养出能够领导和驱动未来创新项目的领军者，确保企业在未来的发展道路上保持领先地位。

第7章

品牌营销转型：数字化用户体验

数字经济时代，在消费场景与消费行为线上化迁移的过程中，品牌有了更多渠道可以直接接触消费者，并与其进行互动，进行品牌共创。在这种背景下，品牌营销的数字化转型成为企业营销业务发展的必然趋势。企业需要更新营销策略，根据用户数据做出科学的营销决策，借助数字技术为用户提供数字化体验等，驱动品牌营销的数字化转型。

7.1 品牌重构：与时俱进的营销策略

随着时代的发展和市场需求的变化，企业营销策略也需要与时俱进，进行适当调整和创新。在这个过程中，企业需要建立营销新思维，打通全渠道营销路径，建立新媒体营销矩阵。

7.1.1 触点思维：品牌战略的新思维

在传统品牌营销中，很多企业都会基于流量思维进行营销，营销的重点在于扩大流量规模，吸引更多用户进入销售端口，进而提高销量。而在数字时代，用户的注意力越来越分散，营销引流的成本不断增加，流量思维逐渐被淘汰。

触点思维是一种更符合当下企业品牌营销需求的新思维，指的是企业通过多样的触点与用户建立连接，为用户提供更全面、更贴心的服务。

触点可以有效吸引潜在用户的注意力，通过富有创意的营销活动向用户传递品牌的态度及价值观。互联网技术的进步使每个触点都有机会变成入口，这也导致传统的商业模式发生了极大的变革。从流量思维转变为触点思维，充分挖掘业务流程中的重要触点，有针对性地开展营销活动，是企业实现品牌营销转型升级的核心。

好友推荐、企业官网、在线直播、活动物料、客服等都可以成为触点。这些触点会潜移默化地占据用户心智，从而提升其对品牌的信任感，影响其购买决策。例如，企业可以在活动发放的物料上附上二维码，将物料打造为新的流量入口。企业不仅要关注用户购买产品的决策流程，还要关注产品的使用过程，在其中增加触点，提前做好扩展销售、交叉销售的准备，让产品深入用户生活，成为其生活的必需品。

产品的销售过程也是企业连接用户的过程，触点思维可以让企业深入了解用户，快速响应用户需求。企业建立触点思维，能够有温度、有深度地连接用户，从而更好地影响其购物决策。

7.1.2 全渠道营销：打造新媒体矩阵

在数字化时代，互联网和新媒体的蓬勃发展为品牌营销提供了新的渠道，全渠道营销成为企业推进营销业务的重要方向。为此，企业需打造一个全面的新媒体矩阵，通过多样化的渠道策略深入接触目标客户群体，从而提升品牌的影响力和认知度。

新媒体矩阵是指能够有效触及目标消费者的多种新媒体渠道的集合。它主要分为横向矩阵（外矩阵）和纵向矩阵（内矩阵）。横向矩阵指的是企业在整个媒体生态（包括自有 App、网站及各类社交平台，如微信、抖音、今日头条、微博、小红书、知乎等）中的布局。而纵向矩阵指的是企业在某个媒体平台上的生态布局，是企业各个产品线的纵向延伸，例如，在微信平台上可以布局订阅号、社群、企业微信、小程序等。

企业打造新媒体矩阵的意义主要有以下几个。

1. 内容多样化

不同新媒体平台拥有不同的特色和风格，例如，微信公众号主要以图文形式呈现内容，而抖音则专注于短视频。通过在多个平台上创建账号，企业可以实现营销内容的多样化，以吸引不同群体的关注。

2. 降低风险

如果企业仅在单一平台运营，可能面临账号被封、被限流等问题，导致前期的营销努力白费。打造新媒体矩阵有助于企业分散营销风险，即便某一账号出现问题，也不会对整体营销策略造成重大影响。

3. 协同效应

不同平台之间可以形成有效的互补和协同，例如，企业可以在抖音上预热营销活动，在微信平台上加强转化，最后通过其他平台进行大规模推广，从而使品牌曝光度最大化。这样的策略使用户可以在多个平台上接触到产品信息，进而激发其产生购买意愿。

总体来说，打造一个高效的新媒体矩阵是企业实现全渠道营销的有效策略，它不仅可以帮助企业提升品牌知名度，还能有效促进用户转化和产品销售。

7.2 洞察用户心理，走在市场前沿

随着数字经济的发展，用户的消费需求与消费行为发生了巨大变化。用户越

来越追求消费的个性化、便捷性，喜欢在线上平台购物。这给企业营销带来了新的挑战，企业需要进行用户洞察并制定精准的营销策略。

7.2.1 新时代的三种消费路径

当前，随着搜索平台、社交平台等互联网平台的发展，用户的消费路径实现了更新。以下是新时代的三种消费路径，如图 7-1 所示。

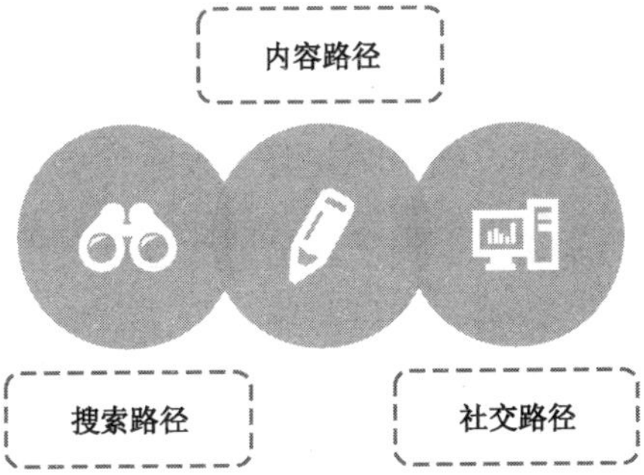

图 7-1 新时代的三种消费路径

1. 搜索路径

搜索路径是最广泛、最经典的路径，是由消费者需求激发的购买路径。例如，进入梅雨季节，消费者需要购买一把雨伞，于是消费者在电商平台搜索雨伞并下单。搜索路径对应的线下场景主要是超市、便利店等，对应的电商场景主要是拼多多、京东、淘宝等平台。

2. 内容路径

被动地等待消费者产生需求对于企业来说是远远不够的，企业需要采取行动激发消费者产生需求，即企业需要设计内容路径，由此吸引消费者购买。例如，用户浏览小红书平台上的好物分享、蜜芽平台的母婴用品推荐等内容，在不经意间就被“种草”，从而下单购买相关产品。

内容路径是被触点激发的购买路径，内容能够唤醒用户的需求。相较于搜索路径，消费者在内容路径上的决策时间和过程更长。内容路径对应的线下场景主要是实体店、展会、体验中心等，对应的线上平台主要是小红书、微信公众号、抖音、快手等。

3. 社交路径

社交路径是被信任激发的购买路径。消费者在社交路径上下单往往是出于对社交对象的信任。社交路径对应的线下场景主要是口碑推荐、专业人士的建议等，对应的线上场景主要是微信群、微信朋友圈、微博、知乎等。

数字化平台的发展为消费者创造了新型消费路径，使企业能够更加精准地洞察消费者需求，为消费者提供更加多样化的产品和服务。

7.2.2 绘制用户画像

要想深入洞察用户心理，企业就需要绘制完善的用户画像，以用户画像作为精细化营销的基础。基于用户画像对用户进行深入分析，企业能够实现个性化的产品推荐，更有效地实现用户转化和留存。

用户画像能够实现用户信息标签化。从构成上来看，用户画像主要包括用户静态标签和用户动态标签。静态标签主要包括用户的性别、地域、年龄、兴趣、消费水平和消费习惯等。用户动态标签主要从用户行为中提取，包括用户在互联网上的浏览记录、购买行为等。大数据和云计算能够精准识别用户动态标签，并将用户动态标签输入用户画像系统中。

在绘制用户画像时，企业可以遵循以下四个步骤。

1. 明确用户画像维度

企业需要明确用户角色和业务发展目标，基于目标用户群体，结合业务目标找到用户画像的大致维度。同时，企业应该将自身业务实际发展情况与用户画像相结合，对用户信息进行有选择性的筛选。此外，不同端口的信息维度往往不同，例如，B端更加关注用户的工作内容、工作能力、使用行为等；而C端更加关注用户的性别、年龄、爱好和收入等。

2. 明确用户调研形式

企业需要根据用户、精力、时间和资金预算等因素，选择合理的调查方式采集用户信息，如问卷调研、电话邀约、微信沟通等。常用的用户调研方式分为三种：第一种是定量分析，包括数据分析、调查问卷等；第二种是定性分析，包括访谈法、观察法等；第三种是定量和定性相结合。

3. 数据分析，角色分类

在收集用户数据后，企业需要将这些数据转化为对产品营销有帮助的信息。企业需要确定用户关键行为变量，归纳用户的行为模式，并预测用户未来的行为模式。

4. 结合用户行为特性，输出用户画像

在对用户特征和用户的行为特性进行总结后，企业可以绘制出用户画像的基本框架，并进一步描述用户的属性信息和行为场景，使用户形象更加真实、丰满。

需要注意的是，用户画像并不是一成不变的，企业需要根据多维度的信息对用户画像进行不断验证和完善。

7.2.3 让好产品自己“说话”

让好产品自己“说话”的本质是实现产品的自传播，即通过社交媒体、购物平台等将好产品传播给大量受众，让他们自发传播产品。企业可以通过一些技巧，让好产品自己“说话”。

（1）“病毒性”。“病毒性”指的是产品在设计和生产时就要在核心功能上添加一些能够自传播的特质，让产品在一开始就具备自传播的属性。例如，拼多多最初的设定就是通过拼单获取优惠和折扣的购物软件，用户想要获得折扣和优惠就会自发地传播和推广拼多多。

（2）加文案。加文案指的是产品能够通过文案增添自传播的属性。当前，用户十分关注产品传递的核心理念和思想价值，优质的产品文案能够增强产品的自传播能力。例如，江小白的“我是江小白，生活很简单”“最怕不甘平庸，却又不愿行动”等文案，从用户的情绪入手，引发了广大用户的共鸣，促进了产品的自传播。

（3）可见性。可见性指的是产品能够引起用户的关注，从而提高用户自发传播产品的可能性。想要使产品具有可见性，企业具体可以从产品的外观、声音、气味等方面入手。例如，美团外卖黄色袋鼠的标志很容易被用户注意到，会引发用户的联想，促使用户进行自传播。

（4）定制化。定制化指的是产品能够满足用户的个性化需求，即产品需要更贴近每个用户的个人需求，从而凸显品牌的个性。例如，外卖软件能够通过大数据分析了解用户的口味、饮食习惯，从而为用户定制化推荐外卖产品和服务。

（5）植彩蛋。植彩蛋指的是在产品中植入特定条件下能够被触发的意外惊喜。如果在产品中加入一个彩蛋，就能使产品变得更有趣味性，使用户对产品的兴趣提升，加速产品传播。例如，用户在微信中发送节日祝福、生日祝福时，会触发彩蛋，掉落相应的祝福表情包。

（6）超预期。超预期指的是精心打造产品，使产品能够给用户带来其预期之外的体验。如果产品带来的体验超出了用户的预期，用户对产品和品牌的好感度就会提升，用户会更乐于自发传播产品和品牌，产品就具有自传播能力。例如，针对用户的办公需求，一些酒店对公共空间进行了升级，打造舒适的办公空间，这无疑为用户提供了超预期的入住体验，有助于酒店品牌的传播。

（7）参与感。参与感指的是让用户参与到产品设计、研发中，为用户提供一些能够获得互动体验的活动，提升用户对产品的兴趣。用户往往更乐于传播那些他们能够参与其中的事情。例如，乐高积极邀请用户参与产品研发，并打造了用户分享创意的社交平台。在平台中，用户的创意能够被发现和重视，用户的反馈和建议也能够得到响应。乐高通过让用户参与到产品研发中，提升用户的体验感，从而增强产品的自传播能力。

在具体实践中，企业可以灵活运用以上技巧增强产品的自传播能力。

7.2.4 沃尔玛中国：全渠道零售优化用户体验

随着数字技术的发展和应用，零售行业的商业模式被重塑，全渠道零售成为零售行业的一大发展趋势。想要实现全渠道零售，企业需要提升全渠道运营能力，实现去中心化的用户触达，提升用户体验。在这方面，零售巨头沃尔玛中国做出了积极探索。

在沃尔玛全球零售技术平台的基础上，沃尔玛中国聚焦本地业务需求，打造了多个本地技术平台，覆盖全渠道的店仓运营、用户运营、商品运营、供应链运营等核心业务，在提高运营效率的同时保证了用户全渠道体验的一致性。

在全渠道布局方面，沃尔玛中国坚持以门店为核心实现全渠道融合。无论在线上还是在线下，沃尔玛中国都可以满足用户的消费需求，用户可以随时随地选择其需要的产品与服务。

在线上，沃尔玛中国打通了多种线上销售渠道。用户能够通过沃尔玛小程序、京东到家、美团等多个线上入口下订单，并享受全国范围内的配送服务。此外，沃尔玛中国还推出了一小时极速达的近场服务，为用户线上购物提供便利。

在线下，为了提升用户体验，沃尔玛中国对线下门店进行了升级，如优化商品陈列、进行更简洁的动线设计、提升店面的空间感、提供自助结账服务等，让用户获得更加舒适的购物体验。

在发展过程中，沃尔玛中国始终聚焦用户需求与用户体验，通过不断的渠道优化、服务优化等，提升用户体验，致力于成为深受用户信任的全渠道零售商。未来，沃尔玛中国将持续为用户创造更优质的体验，满足用户不断变化的需求。

7.3 营销变革：多样的数字化体验

数字技术与营销的结合，给营销领域带来了前所未有的革新，重塑了用户体验。如今，用户能够享受到丰富多样的数字化体验，这些体验不仅涵盖了传统营销的各个层面，更通过创新的科技手段，赋予了用户更为生动、直观且个性化的互动方式。企业可以通过创新用户体验，更好地满足用户的个性化需求，从而赢得用户的信任和支持，实现更为长远的发展。

7.3.1 智能推荐：根据用户偏好实现精准推荐

当前，人工智能已经成为驱动营销变革的重要力量。人工智能在营销领域的应用实现了智能推荐，大幅提升了用户体验。

智能推荐是各平台为用户推荐产品与服务的一种方式。借助数据挖掘与深度学习，人工智能可以根据用户的行为模式、个人偏好等，为其推荐其可能感兴趣的产品或服务。这能够提升产品的转化率，提升用户对平台的好感。

例如，淘宝的智能推荐系统会收集用户的各种行为数据，如搜索行为、浏览历史、购买行为等数据。通过对这些数据的分析，智能推荐系统可以了解用户的偏好与需求，为其推荐符合其需求的商品。这为用户购买产品提供了便利，在提升用户体验的同时提高了产品的转化率。

再如，网易云音乐之所以能发展成为一个聚集海量用户的音乐社交平台，与其智能推荐功能密不可分。其智能推荐功能主要是通过数据分析明确用户的兴趣和偏好，从而有针对性地为用户推荐歌曲。例如，用户喜欢听经典老歌，智能推荐系统就会为其推荐多样的经典老歌；如果用户喜欢听酷炫、潮流的歌曲，智能推荐系统也会为其推荐相关歌曲。基于智能推荐系统，网易云音乐满足了不同群体对音乐的不同需要，能够做到老少皆宜，因此受到了海量用户的青睐。

总之，企业在进行品牌营销转型时，需要积极引入新技术，打造智能推荐系统，聚焦用户需求为其智能推荐产品或服务。这有利于提高用户满意度，实现更高的利润增长。

7.3.2 场景化营销：通过场景体验促成营销

用户体验是品牌营销的核心和最终落脚点。如今，越来越多的企业开始进行场景化营销。例如，很多家居品牌在线下开设体验馆，零食企业在线下开设社区零食店。这种营销策略通过创造特定的产品使用场景，不仅加深了用户对产品的理解，还丰富了他们的体验，从而有效促进销售。

场景化营销的核心在于构建一个与产品消费紧密相关的场景，激发用户的购买需求，并提供便捷的体验途径，以实现营销目标。这种营销方式的重点并非传递产品信息，而是激发用户的情感共鸣，情感引导在场景化营销中起到重要作用。情感上的触动能引导用户更深入地体验产品，进而激发其购买欲望。

在数字技术与营销策略融合的今天，场景化营销通过利用新兴技术，能够为用户带来全新体验，并有效提升营销成果。

天猫臻品馆是一个能够为用户提供创新的虚拟购物体验的 3D 展馆，实现了现代技术与高端零售的无缝结合。这个 3D 展馆利用先进的三维建模技术，为用户创建了一个沉浸式的虚拟空间，使得线上购物体验更加生动和直观。在这个虚拟展馆中，用户可以通过电脑或移动设备，像在实体店中购物一样浏览各种产品。

用户在这个 3D 空间中可以自由移动，查看精心布置的展品和详尽的产品信息。每个展品都配有高清图像和详细描述，用户能够深入了解每件商品的特点和优势。此外，天猫臻品馆支持用户互动，例如，用户点击产品即可查看更多细节，甚至有些展品还有虚拟试穿或试用的功能。

这种 3D 虚拟展览不仅优化了用户的购物体验，还展现了天猫在技术创新和数字零售方面所做出的探索，为其他企业进行场景化营销提供经验参考。

总之，利用数字技术，企业能够在多个方面开拓场景化营销的新领域，包括设计创新的营销场景、提供沉浸式的用户体验，以及促进用户与产品之间的互动。这些策略不仅能够给用户带来更加独特和新奇的数字化体验，而且能够推动产品销售业绩上涨。

7.3.3 体验式营销：丰富体验

在现代营销中，很多企业依赖各种先进的数字技术来提升营销成效和丰富用户体验。目前，AR、VR 等前沿技术已经在营销领域得到实际应用，为品牌与用户之间的互动创造新的空间。

1. AR

在数字化时代，企业的营销策略需要不断演进，以持续吸引用户的注意力。其中，AR 营销已成为一种革新性的营销手段。AR 营销通过在现实世界中增加虚拟元素，为用户带来互动、沉浸式的体验，从而提高品牌影响力和产品的吸引力。

AR 营销利用增强现实技术，在用户的现实环境中叠加计算机生成的图像、声音或其他感官增强元素。这种技术通常通过智能手机、平板电脑或专门的 AR

眼镜实现。用户通过设备的摄像头看到现实世界的同时，屏幕上会显示出虚拟图像，呈现出一种现实与虚拟世界结合的效果。

当前，许多品牌已经开始利用AR技术来推广其产品和服务。其中一个突出的案例是成都太古里的AR寻宝活动。太古里是成都市的一个高端购物中心，它通过AR技术打造了一个互动寻宝活动，旨在吸引消费者并提升其购物体验。

在活动中，消费者需要下载太古里的App，使用手机的摄像头在购物中心内寻找虚拟“宝藏”。这些“宝藏”实际上是太古里购物中心的品牌和产品的购物优惠券。当消费者发现“宝藏”时，他们可以通过AR技术与之互动并获取优惠券。

这个活动不仅给消费者带来了有趣的购物体验，还成功地将消费者的在线互动和线下购物行为结合起来。通过这种方式，太古里增强了与消费者的互动，同时也为合作品牌提供了更多的曝光机会。

AR营销作为一种创新的营销策略，不仅为消费者带来了新奇和有趣的体验，也为品牌提供了一个独特的互动渠道。它弥合了数字世界与现实世界的界限，为传统营销带来了新的可能性。随着技术的不断进步，我们可以预见，AR营销将在未来的广告营销和品牌推广中扮演越来越重要的角色。

2. VR

VR可以将用户带入虚拟世界，打造极致的沉浸式体验，使用户与品牌的关系更加紧密。VR的发展为品牌带来了更多的营销空间，许多品牌借助VR技术开辟了新的营销场景。

为了推广新款汽车，奥迪中国采用了一种创新的VR体验方式来吸引潜在消费者。奥迪中国在多个购物中心和繁华地段设置了专门的VR体验区。消费者佩戴上VR头显，就能进入一个高度逼真的虚拟环境中，体验驾驶奥迪新款汽车的感觉。这种体验不仅限于视觉效果，还包括声音、振动等多方面的感官刺激，以增强真实感。

此外，该 VR 体验还特别设计了多个场景和路线，模拟了城市驾驶、越野探险等不同的驾驶环境，使消费者能够全面了解奥迪汽车的性能。这种互动式的体验营销不仅加深了顾客对奥迪品牌的印象，还提高了产品的吸引力。

通过这种创新的 VR 营销策略，奥迪中国成功地将传统汽车展示与现代科技结合，给消费者提供了独特的体验。这不仅使奥迪在竞争激烈的汽车市场中脱颖而出，还展示了 VR 技术在未来营销中的巨大潜力。

下篇

数字经济指明产业发展方向

第8章

数字制造："智造"战略的规划与落地

数字经济时代，人工智能、大数据等先进技术的应用领域不断拓展，为各行业带来了深刻的变革。在制造领域，数字经济驱动产业升级与创新发展，驱动制造业向着数字制造、"智造"的方向发展。在这一形势下，企业需要认清数字制造的大趋势，对制造多环节进行数字化转型。同时，企业需要加强对数字技术的应用，以提升自身核心竞争力。

8.1 制造变"智造"是大势所趋

借助先进的管理软件和智能化硬件，企业可以实现生产制造的数字化、智能化，提高生产质量与生产效率。在"智造"趋势下，企业的生产模式将发生变化，实现敏捷化、数字化生产。

8.1.1 数字制造与传统制造

数字制造与传统制造有很大不同。这不仅体现在数字制造基于先进技术进行生产，实现了更高程度的数字化和智能化生产，还体现在数字制造更加关注用户需求，基于用户需求进行生产。

在传统制造模式下，企业先将产品制造出来，再在合适的市场中寻找目标用户。但在数字经济时代，用户的需求越来越趋于个性化、定制化，因此企业积极转变生产方式，从以产品为中心转变为以用户为中心，实现数字制造就成了必然趋势。

数字制造的生产模式具有智能化和定制化的特点，能够满足用户的个性化需求。

1. 智能化

传统制造和数字制造都可以实现智能化生产，但它们在智能化程度上有明显的区别，主要体现在以下几个方面。

（1）数据驱动

传统制造通常依赖于经验和手工操作，收集和分析生产数据的能力有限。数字制造强调数据驱动，通过各种传感器和监控系统收集大量生产数据，以实时监测和优化生产过程。

（2）自动化程度

传统制造的自动化程度有限，主要集中在基本的生产机械和控制系统上。数字制造则更广泛地利用自动化技术，包括自动化生产线、自动化仓储、自动化物流，以及机器人和无人驾驶车辆等，以提高生产效率和生产能力。

（3）智能决策

传统制造中的决策通常由人工经验和判断驱动，依赖于工人的操作技能和工作能力。数字制造采用智能算法、AI和机器学习来做出一些比较重要的决策，包括生产过程安排、设备维护与故障预测、产品质量控制等，以提高决策的准确性和效率。

（4）可视化和远程监控

传统制造通常缺乏实时、可视化的远程监控功能，难以实现生产过程的远程管理和监控。数字制造通过实时数据可视化，借助远程监控系统，使生产管理人员能够远程监控生产过程，对生产过程中的问题及时做出反应。

总体来说，数字制造在智能化方面更具优势。数字制造利用了先进的技术，生产效率、产品质量以及生产的灵活性更高。

2. 定制化

定制化生产，也称个性化生产或按需生产，是一种以用户的具体需求为导向的生产模式。这种模式与传统的大规模、标准化生产截然不同，更注重为每位用户提供特定、个性化的产品或服务。定制化生产使生产过程变得更贴近用户需求，也更灵活。

在定制化生产模式下，用户直接参与产品的设计和规划过程，选择他们自己所需的产品特征，如配置、颜色、尺寸或其他定制选项。这种生产方式通常依赖于先进的技术，如计算机辅助设计和 3D 打印，以实现精确和高效的产品定制。

与传统的大规模生产相比，定制化生产更倾向于小批量生产甚至单件生产，旨在减小库存压力，提高市场响应速度，并提升产品的多样性和独特性。因为这种生产方式允许用户根据自己的具体需求和偏好定制产品，所以极大地增强了品牌与用户之间的联系，可以显著提高用户满意度并强化品牌的个性化形象，有助于品牌确立与众不同的市场定位。

此外，由于定制化生产是基于具体的订单进行的，因此可以有效减少库存积压和相关成本，也能够帮助企业在市场形势出现变动时更快地采取措施。定制化生产还促进了创新，因为企业需要不断调整和改进产品以满足用户独特的需求。这种做法往往能够为企业带来更大的利润空间，因为大多数用户通常愿意为符合个人需求的独特产品支付更高的价格。

总之，定制化生产为企业提供了一种灵活、高效且能够直接满足用户需求的生产解决方案。例如，戴尔公司的定制化生产颠覆了传统的电脑制造和销售方式，通过按需生产策略和直销模式来满足用户的个性化需求。

在这种模式下，戴尔直接让用户在线定制所购买的电脑，然后根据这些订单生产，有效减少了库存成本并提高了运营效率。这种让用户进行产品定制、将产品直接销售给用户的方式不仅加强了戴尔与用户之间的联系，还使戴尔能够快速响应市场变化，制定更具竞争力的价格，并持续推动产品和服务创新。戴尔的这种模式彻底改变了计算机行业的生产和销售格局，戴尔也因此成为按需生产直销模式的典范。

8.1.2 敏捷转型是关键

在当今快速变化和竞争激烈的市场环境中，传统的生产模式已无法有效应对用户需求的快速变化和市场的不确定性。因此，制造业需要借鉴软件的敏捷开发方法进行转型。

敏捷转型指的是将敏捷开发的核心原则，如灵活性、快速迭代、用户参与、持续改进等应用到制造过程中。这种转型使企业能够更快速地响应市场变化，缩短产品从设计到上市的时间，同时提高生产效率和产品质量。通过敏捷转型，企业能够更紧密地与用户合作，确保生产的产品更符合市场需求，同时减少资源浪费和提高运营效率。

总体而言，敏捷转型为制造企业提供了一种更灵活、更高效的生产模式，有助于它们在竞争激烈的市场中保持优势。这种生产模式的具体流程包括：与用户紧密合作以确保产品设计符合市场需求；跨职能团队从不同角度审视产品开发是否足够合理、高效；将大项目分解为小型、可管理的迭代任务等。这里的每个环节都包括设计、开发、测试和反馈收集，目的是确保持续的产品改进和优化。

在整个过程中，企业要把重点放在消除无效工作和不断追求流程改进上，利用现代技术和自动化数据分析进行决策并提高生产效率。通过这种生产模式，企业不仅能够快速响应市场变化，还能提高资源利用效率，为用户带来高质量、高满意度的产品。

为了应对工业 4.0 时代的挑战，企业还必须引入先进技术来实现产品与机器之间、机器之间以及人与机器之间的智能互联。这涉及从生产订单数据的提取到工艺的转换、动态地调整生产序列和路径配置、实时供应零部件、灵活的生产物流和在线产品质量监测等多个环节。此外，为提升生产效率和灵活性，产品设计需要趋向模块化，并与生产流程的灵活性紧密结合。

特斯拉在电动汽车生产方面的发展速度令人瞩目。其首次生产 100 万辆汽车耗时 12 年，随着技术越来越先进，其生产速度不断提升，第二个 100 万辆汽车仅用 18 个月便制造完成；第三个 100 万辆汽车的生产周期进一步缩短至 11 个月，后来甚至只用 7 个月便实现了第四个 100 万辆汽车的生产。这一成就得益于特斯拉将敏捷开发方法应用于汽车制造中。

通过整合高效的软件系统、创新硬件开发以及优化工厂流水线，特斯拉不仅提升了生产效率，更推动了汽车创新进程。这种跨行业的融合性方案，不仅使特斯拉获得了巨大成功，更为传统制造业注入了新的活力，为制造业提供了一条崭新的发展道路。

8.1.3 吉利汽车：数字化变革生产模式

当前，借助数字技术和数字化解决方案，不少企业都进行了数字化探索，以实现制造的数字化转型，向着“智造”进发。吉利汽车就是其中的典型。吉利汽车积极进行数字化转型，不断升级自己的生产模式，打造生产价值链，取得了亮眼成绩。

吉利汽车生产模式的创新之处具体体现在以下 3 个方面，如图 8-1 所示。

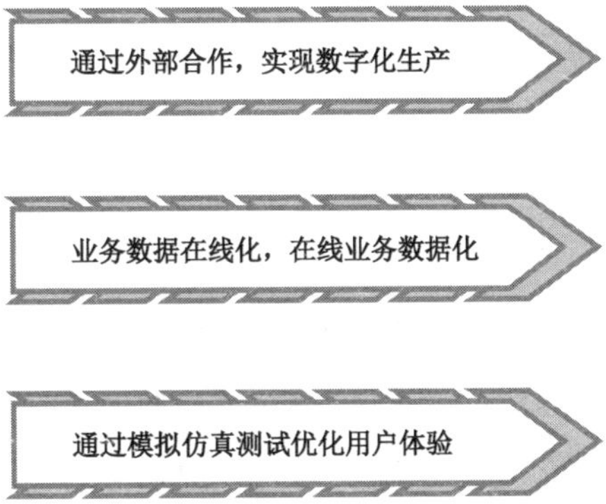
通过外部合作，实现数字化生产
业务数据在线化，在线业务数据化
通过模拟仿真测试优化用户体验

图 8-1　吉利汽车生产模式的创新之处

1. 通过外部合作，实现数字化生产

如今，云计算、人工智能等技术越来越多地应用于产品生产中。企业可以借助这些技术更精准地把握市场需求，降低研发成本。吉利汽车充分利用这些技术，通过优化生产流程促进生产效率的提升。此外，吉利汽车还借助 5G 改革生产网络，为工作人员配备 5G 智能设备。

为了打造更受用户喜爱的个性化产品，为用户提供更优质的服务，吉利汽车与阿里云达成合作。阿里云为吉利汽车提供云计算、人工智能等解决方案，为吉利汽车生产工艺改良、生产流程数据化等提供助力。在各种技术的助力下，吉利汽车成为具有创新、转型、协同等特点的新型汽车企业。

2. 业务数据在线化，在线业务数据化

吉利汽车在实现业务数据在线化方面采取了一系列的措施。首先，吉利汽车投资先进的信息技术和数据管理系统，这些系统能够实时收集、存储和分析来自各个业务部门的数据；其次，吉利汽车通过部署云计算和大数据分析工具，对数据进行深入分析，从而实现关键业务洞察，更好地挖掘市场需求。

此外，吉利汽车还推动内部流程的数字化改造，确保从设计、生产到销售的每个环节都能够高效地共享和利用数据。通过打造数据平台，吉利汽车能够实现数据的即时访问和实时更新，从而支持快速决策和敏捷响应市场变化。这种在线业务数据化的策略不仅提高了运营效率，还提升了吉利汽车预测市场趋势的能力，为其持续创新和竞争力提升奠定了基础。

3. 通过模拟仿真测试优化用户体验

吉利汽车坚持对汽车设计过程进行全面评估和优化，包括对汽车的空气动力学特性、内部噪声、振动和舒适度进行模拟，确保汽车在实际驾驶中能为司机提供良好的性能和驾驶体验。在安全性方面，吉利汽车重点关注模拟仿真能否在计算机生成环境中重现各种碰撞和极端情况，从而在汽车投放到市场之前确保汽车的安全性能达到最高标准。

此外，模拟仿真在技术研发和测试中发挥着关键作用。对于电动汽车、自动驾驶系统这类新事物来说，模拟仿真能够在没有实际物理原型的情况下测试它们的性能和可靠性。这样不仅加速了技术的研发进程，也确保了这些新事物在推向市场时能够为用户提供卓越和可靠的体验。通过模拟仿真，吉利汽车能够更快地将汽车推向市场，同时确保汽车在性能、舒适性、安全性和可靠性方面都符合或超过用户的期望，从而显著提升用户满意度。

8.2 多阶段盘点数字制造落地场景

数字制造可以在企业生产的多个场景中落地。在研发阶段，企业可以通过数据分析了解用户需求，实现精准决策；在生产阶段，数字制造可以实现柔性化生产与生产过程数字化管理；在质量检测阶段，企业可以借助数字技术严格把控产品质量。

8.2.1 研发阶段：精准定位，明确目标用户需求

对于企业来说，研发阶段的重点是精准定位产品和明确用户需求，关键在于

深入理解市场和用户。这通常包括进行全面的市场调研、分析竞争对手的产品、挖掘市场空白和潜在机会等。同时，收集和分析用户数据，如购买行为、使用习惯和反馈意见，对企业理解用户的实际需求至关重要。企业还需要密切关注行业和技术发展趋势，以确保产品设计具有前瞻性和创新性。

此外，直接与用户互动也是一项必不可少的工作，例如，通过调查问卷、社交平台讨论或原型测试，企业可以获得更深入的用户见解。将这些信息综合起来，企业就能够在产品开发的早期阶段准确地定位产品，并明确用户的具体需求，从而设计出既符合市场发展趋势又满足用户期望的产品。

在研发阶段，华为明确用户需求的方法体现了其作为科技巨头的前瞻性和细致入微的市场洞察力。华为不仅使用传统的市场研究方法进行用户调研，还积极融入最新的数据分析技术和用户参与机制，以确保产品能精准地满足用户需求。

华为进行广泛而深入的市场研究，包括竞争对手分析、市场趋势追踪和用户行为研究。这些研究帮助华为理解不同市场和目标群体的特定需求，以及他们对新技术和功能的接受度。此外，通过大数据分析，华为能够从海量数据中提炼出有价值的数据并深入分析，以更好地了解用户，如用户对相机质量、电池寿命或操作系统的具体偏好。

华为还重视直接从用户那里收集反馈。通过社交媒体、专门的用户论坛和在线调研，华为积极听取用户的意见和建议。这些反馈通常会直接影响产品设计，如界面的用户友好度、功能的实用性以及手机的外观设计等。

此外，华为还让用户参与到产品研发中。在某些项目中，华为会邀请用户参与早期产品的测试和评估，确保产品在上市前就已经充分考虑了用户的实际需求和体验感。

通过这些方法，华为能够在研发阶段就准确地把握并响应用户需求，从而设计出既具有创新性又符合市场发展趋势的产品。这种以用户为中心的研发策略，是华为能够在全球市场上保持领先地位的关键原因之一。

8.2.2 生产阶段：柔性化生产与数字化管理

在生产阶段，企业应该关注的重点是柔性化生产和数字化管理。其中，柔性化生产是一种极具自适应性和可变性的制造方法，允许生产线迅速调整以适应产品和市场需求的变化。这种生产方式与数字化管理密切相关，主要通过自动化和智能化技术实现。

数字化管理使用了数据分析、实时监控和高级自动化控制等技术，使柔性化生产能够高效、准确地响应市场变化，同时支持定制化订单，优化整个生产过程。简而言之，柔性化生产依赖数字化管理来提升灵活性和效率，并保证生产制造的敏捷性和创新性。

美的是国内较早引入柔性化生产模式的制造企业，主要生产空调、冰箱、洗衣机等家电产品。借助数字化管理，美的打造了高度灵活的柔性化生产模式，可以快速满足多样化的市场需求。美的的柔性化生产有自动化和智能化等特点，其优势主要体现在以下几个方面。

首先，柔性化生产极大地提高了生产效率。通过先进的自动化设备和智能化管理系统，美的的生产过程得以优化，减少了不必要的工序和时间浪费，生产速度更快。同时，技术的引入还能实时监控生产过程，及时发现并解决问题，保障生产的连续性和稳定性。

其次，柔性化生产提高了产品质量。自动化设备的精准操作减少了人为错误，确保了产品生产的一致性和精准性。此外，智能化管理系统能够根据市场需求的变化快速调整生产计划，保证产品与市场需求的匹配度，提高产品的市场竞争力。

再次，柔性化生产提升了企业的市场适应性。通过灵活的生产线调整，美的可以快速响应市场变化，针对不同的需求生产不同的产品。这样不仅能够满足用户多样化的需求，还能够有效减少库存积压，降低运营和产品生产成本。

最后，柔性化生产对提升品牌形象也有积极作用。柔性化生产不仅展示了美的的技术实力，也体现了其对创新和产品质量的追求，有助于提升其在消费者心中的形象。

综上所述，美的的柔性化生产模式在提高生产效率、保障产品质量、提升其市场适应性以及提升品牌形象等方面都有明显的优势。

在实施柔性化生产的过程中，美的通过以下几项措施积极推进数字化转型，取得了很好的效果。

（1）T+3 模式。该模式首先在美的洗衣机事业部推行，旨在优化响应与处理用户订单、原料备货、产品生产、发货销售 4 个关键周期，显著缩短了供货时间。

（2）C2M 定制模式。C2M 即从消费者到生产者，C2M 模式以用户需求为导向，运用平台化和模块化策略灵活地响应个性化定制订单，提升了生产的精准性和灵活性。

（3）数字化供应链。美的应用技术和智能算法从端到端优化了供应链流程，保证了供应链的安全性、敏捷性和可持续性。

（4）数字化生产线和"黑灯车间"。美的应用数字孪生、人工智能等技术打造数字化生产线和"黑灯车间"（智能车间），提高产品质量和生产效率，同时降低生产成本。此外，美的旗下的机器人进行物料自动化配送，大幅提高了空间利用率。

（5）工业互联网。美的将生产设备和物流工具连接到一起，创建了一个工业互联网平台，实现了人机连接和全面的数字化转型。

上述转型措施为美的带来了以下效益。

（1）实施 T+3 模式和数字化转型后，美的自有库存大幅减少，渠道库存减少幅度更大。

（2）产品从生产到上市的周期大幅缩短，提升了市场响应速度和供应链效率。

（3）升级了供应商体系，建立了一个互利共赢的生态系统，市场竞争力进一步提升。

通过这些措施，美的迎来了发展黄金期，实现了从传统生产到高度柔性化和定制化生产的成功升级。

8.2.3 质量检测阶段：以数字技术保障产品质量

在产品质量检测方面，大数据、人工智能等技术的应用，可以有效保障产品质量。下面进行具体讲解。

1. 大数据：预测生产进度，提升产品质量

大数据是实现智能制造的核心技术，其价值在于预测需求、预测生产进度、解决和避免不可见问题、整合产业链和价值链、优化生产过程。

例如，杜克能源公司是美国主要的能源供应商，主要业务是向美国东南部和中西部地区供应电力和天然气。为了控制成本、提高设备自动化能力，杜克能源公司基于工业物联网和大数据分析研发了监测和诊断基础设施，通过有线或无线的方式将结果发送给服务器，同时利用大量的模拟数据为数据专家提供全面的波形分析，使专家能够远程监控来自所有设备的异常数据，并快速解决问题。

大数据给企业带来了巨大的机遇。一方面，大数据可以帮助企业降低成本，提高生产效率，快速解决生产中存在的问题；另一方面，大数据有利于企业根据质量缺陷改良产品，提升产品质量。大数据的运用和深度分析还可以让企业实时监测供应链状态，预测订单交付周期，从而更准确地预测订单顺利交付的时间。

2. 人工智能：助力产品质量检测

人工智能在产品质量检测领域已经得到了广泛应用，展现出了巨大的应用价值。

（1）在产品优化方面，内嵌了人工智能的视觉检测系统能够自动识别产品中的缺陷，如裂纹、划痕或不正确的装配，还可以实时监控产品质量。

（2）在预测性维护方面，人工智能可以分析设备的运行数据，预测设备故障并提前进行维修，减少停机次数。

（3）在自动化质量控制方面，人工智能可以实现生产过程的全面质量监控，保证产品符合标准。此类应用对食品和药品行业尤其重要。

（4）在数据分析和报告方面，人工智能能帮助企业处理大量产品质量相关数据，快速生成准确的质量报告，帮助相关人员找到产品出现质量问题的根源。

可以说，人工智能提高了产品质量检测的效率和准确性，避免了人工检测容易出现错误的问题，降低了检测成本；避免了过度浪费，提高了产量，可及时发现和解决质量问题；提高了安全性，在汽车、航空、医疗等关键行业中价值凸显，能够保证产品安全；支持定制化生产，可以在生产过程中实时调整工艺，支持产品个性化定制；强化决策支持，依托自动化和智能化的数据分析结果进行业务决策；保证了产品质量，减少产品缺陷和设备故障，提升品牌信誉和用户满意度。

百度智能云基于百度工业视觉智能平台推出了智能工业质检解决方案。该方案基于先进的人工智能技术，特别是计算机视觉和深度学习算法，提高了生产质量控制效率和准确性。该方案通过自动化的视觉检测系统，可以快速、准确地识别和分类制造缺陷，从而帮助企业降低生产成本，提高产品质量。

该方案在很多领域已经实现了落地应用。在电子制造业的电子组件制造和装配过程中，该方案能够检测到微小的缺陷，如焊点不良、元件错位等，从而确保产品符合质量标准。例如，在某手机制造过程中，该方案被用于检测电路板的焊接质量，显著提高了检测速度和准确性。

在汽车制造业中，该方案应用于车身涂装、装配质量检测等环节，能够精确识别涂层厚薄不均、零部件安装不当等问题。例如，在某汽车品牌的制造工厂中，该方案被用于检测车身漆面，有效地减少了漆面缺陷，提升了整车的外观质量，为工厂带来了更多经济效益，强化了该品牌的竞争优势。

总之，人工智能在质量检测领域的应用场景很广泛，不仅提高了检测的速度和准确性，还帮助企业在成本控制、风险管理、用户服务等多方面实现了优化和改进。随着人工智能的不断发展，其在质量检测领域的应用将继续拓展，为更多行业带来新价值和新突破。

8.3 提升竞争力，走在“智造”前沿

数字技术在实现数字制造、强化企业竞争优势方面具有重要作用。要想提升数字制造水平和竞争力，企业就要学会运用各种数字技术，提升自己的生产、服务能力，实现高质量发展。

8.3.1 加速“上云”：助力自动化生产

在快速发展的数字经济时代，企业纷纷通过数字化转型提升其业务流程的效率和灵活性。特别是在制造行业中，“上云”已成为实现自动化生产和提高竞争力的重要手段。云计算具有弹性、可扩展性和成本效益，为企业带来了前所未有的机遇，使企业能够快速适应市场变化，优化资源配置，并促进创新。

德国某汽车零部件制造企业的数字化转型之路便是以“上云”助力自动化生产的典型案例。该企业面临着提高生产效率和推动产品尽快上市的双重压力。为了应对这些挑战，该企业决定将其生产系统和供应链管理迁移到云端。

通过与一家领先的云服务提供商合作，该企业成功地将关键业务流程和数据迁移到了云平台上。这不仅提升了其数据处理能力和系统的可靠性，还通过云端资源的弹性扩展，实现了生产过程的灵活调整。借助云平台，该企业能够实时收集和分析来自生产线的数据，有效监控生产过程，及时发现并解决问题，从而显著提高了生产效率和产品质量。

更为重要的是，该企业利用云平台强大的数据分析和机器学习能力，对生产流程进行了优化，实现了预测性维护，减少了设备故障次数和生产停滞时间。此外，云计算还使该企业能够更加灵活地响应市场需求的变化，通过精益生产满足用户的个性化需求，加快了新产品的研发和上市进程。

"上云"能够促使企业实现生产自动化和效率提升，在企业数字化转型过程中发挥着关键作用。通过加速"上云"，企业不仅可以优化现有的生产流程，还可以探索新的业务模式和增长机会，进一步提升其在全球市场中的竞争力。

8.3.2 利用人工智能提升服务能力

人工智能可以提高企业生产、运营的智慧性，让企业的服务更加人性化。这可以加深企业与用户的连接，提高企业的竞争力。

借助人工智能，企业可以直接连接用户，拓展业务边界。在这方面，上海汽车集团股份有限公司（简称"上汽集团"）充分利用自身所拥有的丰富场景，加快前沿技术布局，持续推进智能化研究与商业化应用。上汽集团是如何通过人工智能使服务更加人性化的？具体体现在以下两个方面。

1. 汽车智能化

人工智能驱动的汽车产业更加开放、层次更多、更注重数字服务，是一种全新的生态。汽车不再像过去那样只是一款产品，其硬件价值被削弱，高科技零件、数字化内容、自动化操作系统、人工智能视觉系统等一系列内容构成新的价值体系。

上汽集团建立了我国汽车行业首个人工智能实验室。该实验室聚焦智慧出行、智能驾驶、智能制造，为上汽集团实现智能网联化、共享化和国际化提供技术支撑。基于上汽集团所拥有的丰富业务场景，该实验室为其打造了基于人工智能的“上汽大脑”。上汽集团将业务布局与技术发展的重点放在智能驾驶决策控制器、人机交互车机系统、车用高精度地图以及车联通信等方面。

2. 提高产业链的协同性

人工智能能够帮助制造业实现大规模精准定制，满足用户消费升级的需求。企业可以根据用户需求定制产品，实现按需生产。基于技术创新与发展，企业可以全面感知、收集、分析、共享数据，并重新定义价值链的各个环节，实现生产模式向 C2F（Customer to Factory，消费者对工厂）模式的转变，让用户对接工厂。

上汽集团与众多用户直联、交互，让用户深度参与到产品开发、制造、销售的全过程中，打造影响汽车全产业链、价值链的大规模个性化定制模式，让产业链变得更灵活、更能满足用户需求。

借助人工智能，上汽集团实现了智能化研发、智能化生产，服务能力大幅提升，加强了与用户的连接。这使得其加快了制造数字化转型的步伐，取得了更大的市场竞争优势。

8.3.3 工业互联网赋能数字生产

数字制造是制造业未来发展的一大趋势，而工业互联网是驱动数字制造实现的重要途径。工业互联网指的是将各种传感器、控制器，以及大数据、人工智能、物联网等技术融合到工业生产各环节中，从而实现自动化、智能化生产，提高产品质量和生产效率。工业互联网的应用可以实现生产各环节的智能连接与信息交互，赋能数字生产。

工业互联网对数字生产的赋能主要体现在以下几个方面，如图 8-2 所示。

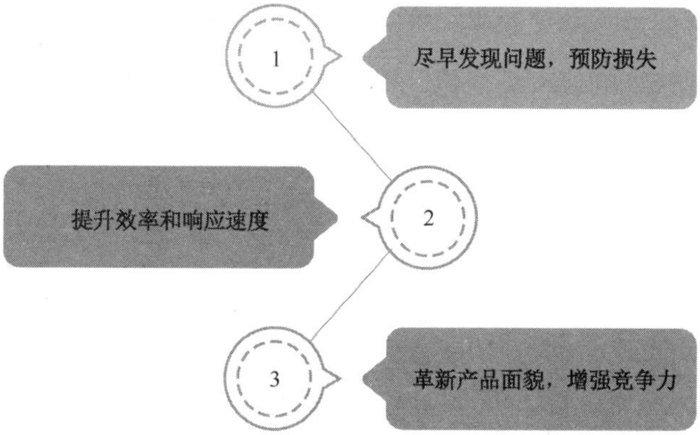
1
尽早发现问题，预防损失
2
提升效率和响应速度
3
革新产品面貌，增强竞争力

图 8-2　工业互联网对数字生产的赋能

1. 尽早发现问题，预防损失

在数字生产领域，工业互联网的用途之一是预测性维护。企业可以运用工业互联网尽早发现生产设备存在的问题，避免遭受重大损失。例如，在机器出现振动频率增加的问题时，感应器通过工业互联网将信息传送到预测性分析软件上，分析结果是涡轮上的刀片正在逐渐分离。这样企业就可以在刀片完全分离之前收到信息，并及时通知厂家维修，避免机器继续运转产生更大损失。

2. 提升效率和响应速度

工业互联网通过整合先进的信息技术、通信技术和传统工业系统，可显著提高供应链的响应速度。它利用传感器和物联网设备实时收集和上传关键数据，如生产进度、库存水平和物流状态，这些数据通过云平台实时共享给供应链上的所有参与者。

利用大数据分析和机器学习，工业互联网可以对数据进行深入分析，预测需求变化、优化库存管理，同时自动调整生产计划和物料安排。它还能实现货物的实时追踪和监控，确保供应链的透明性。

此外，工业互联网通过自动化和数字化的操作模式，可以减少人为错误和延迟，提高整个供应链的效率和灵活性。工业互联网能够实现先进技术和模式的集成，使供应链更快地响应市场变化，实现更高效和动态的供应链管理。

3. 革新产品面貌，增强竞争力

工业互联网还可以帮助企业开发新产品和业务模式。例如，油漆制造企业可以使用工业互联网驱动的机器视觉设备调配出更加个性化的色调，以此建立独特优势。

工业互联网的应用将颠覆整个制造业，它不仅有助于解决已有问题，还有助于新产品的研发，成为企业实现“智造”的利器。

基于以上优势，不少企业都进行了工业互联网方面的探索。例如，四川长虹电器股份有限公司（以下简称“四川长虹”）基于工业互联网打造的智能电视大规模定制生产线已经投入使用。该生产线是长虹智能制造产业园中的生产线之一，应用了工业机器人、机器视觉、边缘计算等高新技术，实现了数字化生产。

在该生产线上，原材料立库、整机生产线和成品立库无缝集成，同时生产管理、质量管理等系统实现了全面集成，整条生产线的效率大幅提升。该生产线还将信息流横向连接总装厂、前端配套厂以及外部供应商，纵向连接企业的研发、供应、生产、销售、财务等关键环节，实现了关键环节信息的互联互通。同时，通过自动化单机设备、立体物流系统，该生产线实现了生产全过程的自主调度、管理以及决策，全面提升了运营效率。

除此之外，该生产线延展了四川长虹独创的多阶段混联离散型生产模式，应用生产信息化、虚拟仿真等技术，使多层穿梭车、自动导引运输车等硬件设备配合运行，提升了小批量订单的制造能力，兼顾了个性化定制和大规模生产两方面的需求。

8.3.4 ESG可持续发展：知行合一

在当今全球化的经济环境中，ESG（Environmental Social and Governance，环境、社会和治理）成为衡量企业长期价值、社会责任感和可持续发展能力的一个重要标准。对于企业而言，ESG不仅是一种挑战，更是其在全球舞台上展现自己的责任担当与创新能力的机会。如今，很多企业都在践行ESG理念，将自身对可持续发展的深刻理解落实到实际行动中。

首先，在环境方面，企业应积极采取措施以减少环境污染。这包括利用更清洁、更高效的生产技术，减少废弃物排放，以及通过绿色能源和材料减少对自然资源的依赖。例如，宁德时代新能源科技股份有限公司（以下简称"宁德时代"）作为全球领先的锂电池制造商，致力于电动车和储能系统的研发，显著降低了对传统化石燃料的依赖，促进了能源结构的绿色转型。

其次，在社会层面，企业应通过提高工作场所的安全性、多样性和包容性，以及通过各种社区服务项目来提升社会责任感。例如，华为不仅为员工提供了包容、多元化的工作环境，而且通过提供数字教育和技能培训项目，帮助全球各地的年轻人提升技能，增加就业机会。

最后，在治理方面，企业应提高决策过程的透明度和责任意识，确保所有利益相关者的权益得到尊重和保护。这包括建立健全治理结构，确保决策过程的合理性和公正性。例如，阿里巴巴在治理方面的努力得到了国际认可，其透明的报告和独特的董事会结构确保了其在快速发展过程中保持稳定、可持续性。

ESG时代已经到来，宁德时代的案例尤其值得关注。宁德时代不仅推动了电动车和可再生能源技术的发展，还大力投资环保技术，如电池回收和再利用，有效降低了废旧电池对环境的影响。同时，宁德时代在承担社会责任方面表现突出，例如，为员工提供良好的工作环境和更多的职业发展机会；积极参与社会公益活动，设立多个慈善基金用于支持教育、医疗、救急救灾等公益慈善事业。

总而言之，企业应秉持“知行合一”的理念进行 ESG 实践，这样不仅能够提升自身的国际竞争力，还能推动全球实现可持续发展。未来，会有更多企业聚焦 ESG 可持续发展，成功的商业案例和 ESG 榜样会不断增多。

第9章

数字物流：现代化物流体系的建设与发展

数字物流是一种新型的物流模式，基于数字技术将传统物流中的信息流、资金流、商流等紧密结合起来，实现物流过程全程可视化、智能化，使物流企业的服务更高效、更安全。数字物流给传统物流带来深刻的变革，进一步提升了物流运输的智慧性，拓展了物流场景，催生了一体化的数字物流方案。

9.1 数字经济下的物流变革

数字经济的发展和数字技术的应用推动了物流变革，使得物流服务水平大幅提升，并优化了用户体验。同时，各种物流机器人的应用推动了自动化物流体系的构建，为物流行业的创新发展注入了强大动力。在变革的浪潮中，供应链物流将迎来新发展，为企业实现更加高效、精准的供应链管理提供了有力支持。

9.1.1 优化体验：提升用户满意度

传统物流存在运转效率低、爆仓丢包、用户信息泄露等问题，导致物流行业的服务能力难以提高。而数字物流能够有效解决以上问题，优化用户体验。这主要体现在以下几个方面，如图 9-1 所示。

图 9-1　数字物流优化用户体验的 3 个方面

1. 保障信息安全

在寄收快递方面，数字技术能够对快递信息进行加密，充分保障用户信息安全。例如，企业可以借助数字技术向用户、快递员等提供快递虚拟号服务，避免用户的真实电话信息被泄露。

2. 避免丢失与冒领

在物流运输的出库、装卸、配送等环节，可能会出现货物丢失、冒领等问题。而借助无线射频识别技术，企业可以实现对物流信息的自动采集、自动识别与追踪，实时了解货物状态。这能够提高物流运输和配送的安全性和准确性，提升用户体验。

3. 智能化信息交互

数字化的物流系统能够通过多渠道沟通的方式，实现用户与物流企业间的互动。用户能够通过手机 App、网页等，了解订单状态、物流轨迹、预计送达时间等。同时，物流企业也会通过短信、电话等方式及时向用户传递订单最新信息，为用户提供贴心的服务。

综上所述，物流行业与数字技术的结合，不仅可以保障用户信息安全和物流运输过程的安全性，还能够实现用户与物流企业的信息交互。这些都有助于提升用户体验和用户满意度。

9.1.2 机器上岗：完善自动化物流

物流市场竞争加剧，物流企业需要进一步提升物流运输速度和效率。于是，越来越多的物流企业引入机器人，将机器人应用到物流运输过程中。这优化了物流运输流程，推动了自动化物流的发展，同时提高了物流作业的标准化程度和效率。常见的物流机器人主要有以下两种。

1. AGV 智能物流机器人

AGV（Automated Guided Vehicle，自动导引车）智能物流机器人是现代自动化技术的杰出产物，改变了传统的物流模式。AGV 机器人能够在工厂、仓库和配送中心自主导航，帮助企业有效提升物流效率，降低人力成本。

AGV 机器人有多种形式，包括牵引型、叉车型、托盘型等，能够满足不同类型的物流需求。该机器人通常由电池驱动，配备传感器、摄像头、激光雷达等导航设备，可以在没有人工干预的情况下，在工厂、仓库、配送中心内自主移动。此外，它还可以根据预设的路线和任务执行货物的搬运、装卸、分拣等工作。

在我国，随着工业 4.0 和智能制造的兴起，AGV 机器人得到了广泛应用。一个典型的案例是京东物流。京东是我国领先的电商平台之一，其物流部门为了应对巨大的订单量和配送压力，引进了一大批 AGV 机器人。

在京东的智能仓库中，AGV 机器人可以自动搬运产品。AGV 机器人先从货架上取下产品并将其运送到打包区，然后将包裹运送至分拣区。这种智能搬运模式大幅提高了物流人员处理订单的速度，确保了订单处理的效率和准确性，同时显著降低了人力成本和错误率。

AGV 机器人在提高工作效率的同时，还降低了工人的劳动强度，提高了工作环境的安全性。AGV 机器人不仅创新了京东的物流体系，还使得仓库管理更灵活、智能化。

随着技术的不断发展和成本的降低，AGV 机器人将在物流行业的更多场景中得到应用，并能进一步优化供应链管理，为我国乃至全球的物流行业和制造业带来颠覆性变革，推动智能制造和物流自动化进程。

2. 快递配送机器人

在配送方面，机器人可以节省人力成本，提高工作效率，改善用户的网购体验。目前，快递配送机器人越来越多，已经在一些城市进行了投放，未来将实现全面普及。

当前，京东、顺丰等企业都推出了自己的快递配送机器人。以京东为例，其快递配送机器人拥有很多独立格口，能够承载多种货物。在快递员将需要配送的快递放入格口后，快递配送机器人会根据收货人的地址和具体环境自动规划出一条合适的路线。

距离目的地较近时，快递配送机器人会向收货人发送一条信息，信息中包含机器人到达的时间与地点，提醒收货人前来取件。如果收货人不方便取件，需要通过指定的 App 反馈，快递配送机器人会为收货人规划下一次配送时间，并且再次进行取件提醒。快递配送机器人到达目的地时，会向收货人发送取件码，收货人可以通过取件码收取快递。

快递配送机器人在配送的过程中是相对稳定与安全的，它们的身上安装了很多传感器，可以 360° 无死角地感知周围的环境。面对障碍物、汽车、行人，快递配送机器人都可以安全地躲过，并且能够准确地判断红绿灯，不会对交通产生干扰。它的增减速切换功能也十分灵敏，不会给人们的出行造成阻碍。

快递配送机器人拥有数字地图，可以在最短的时间内熟悉周围的环境。在每天工作任务结束之后，配送机器人会自动前往指定地点进行充电和检查，为第二天的正常工作提供保障。

机器人在物流行业中的应用推动了物流行业的自动化、数字化升级。其能够完成繁重、重复性的工作，提高物流效率与安全性。未来，随着技术的发展，机器人在物流行业中的应用将会更加广泛，为用户提供优质的物流服务。

9.1.3 突破瓶颈：优化供应链物流

供应链物流管理是影响企业正常运营的重要环节，直接影响企业的生产效率、用户满意度等。当前，企业供应链物流中往往存在多种问题，如拣货、运输出现错误，管理效率太低导致交货延迟等，对企业的发展造成不良影响。

而数字物流可以有效突破以上瓶颈，减少各环节的失误，加强各环节的联系，提高管理效率，优化供应链物流管理。对此，企业需要积极推动自身供应链物流管理的数字化变革。

以华为为例，“以用户为中心”是华为的核心服务理念，在进行供应链改革时，华为依旧遵循这个服务理念，将提升业务处理效率和物流运输效率、满足用户的需求作为主要任务，提出了“简单化、标准化、IT 自动化”的改革原则。

在这一原则的指导下，华为制定了详细的改革方案，并采取了一系列行动。

第一步，重新规划布局供应网络。

对供应网络进行规划布局其实就是根据供应网络中各个节点面向的用户群体、承接的产品类别，确定各节点的类型、位置、规模、产品的运输方式等基础信息。除了这些基础信息外，华为还考虑了空间成本与时间成本之间的平衡问题，在选择地址、规模的同时兼顾了服务成本、库存情况、运输成本等问题，进一步确定最佳的布局方案。

第二步，制定集成度高的供应链管理方案。

在确定了供应网络的布局方案后，还要解决销量预测的问题，对供应网络进行进一步完善。随着市场的井喷式发展，对产品进行销量预测的必要性越来越强。

预测量高于实际需求量时，会导致大量库存闲置，占用企业的流动资产；预测量低于实际销售量时，又无法保障供应量，无法满足用户的需求。

为了解决这个问题、提升订单管理水平，华为深入市场前端，推动了高级计划和排程系统的执行，要求销售、生产、采购部门每月对供需差距进行一次核查，及时对采购、生产和交付等工作计划进行调整。

第三步，实现供应网络的数据共享。

华为向海外地区同步推行了国内的合同订单集成配置器，进一步推动供应网络的数据共享，加快订单处理速度，并为各类计划方案提供精准的数据支持。

与此同时，华为还加强了对交付逻辑和算法的研究，并针对每个供应中心的能力分配订单。用户下单后，供应链系统将订单分配给线路最优、成本最低的供应中心。这样不仅可以压缩运送周期，节省运输成本，还可以对供应网络的整体结构进行优化，提升华为的订单交付能力。

华为与许多大型物流企业建立了战略合作伙伴关系，并将一些业务外包给本地的物流企业，这样不仅可以保证产品运输的效率，还能显著降低物流成本。华为对供应链物流的持续优化，进一步提升了物流效率和自身的服务水平。

9.2 数字物流的三大支撑技术

数字物流之所以能够优化物流管理和运输过程，其背后离不开人工智能、物联网、大数据三大技术的支持。下面具体讲述这三大技术对数字物流的赋能作用。

9.2.1 人工智能：提升物流体系智能性

当前，在物流管理方面，企业既需要洞察市场需求，了解市场发展趋势，又需要应对突发危机。对此，企业需要提升物流管理的灵活性，实现物流体系的稳定运作。在这方面，人工智能能够为企业提供支持，提升物流体系的智能性。

以联邦快递公司（以下简称“联邦快递”）为例。作为物流行业的代表性公司，联邦快递的物流服务覆盖全球超过 200 个国家，业务规模庞大。联邦快递利用人工智能技术打造了 FedEx Dataworks 平台，用以整合其数字网络，充分收集每个包裹在运输过程中的走向、天气、环境、用户交付地点及日期等全方位的实时数据。

FedEx Dataworks 平台在人工智能的加持下，能够自主分析数据，建立相关模型，为用户提供更为完善的物流方案。在这一过程中，FedEx Dataworks 平台收集了越来越多的数据，同时，人工智能的自适应算法、深度学习等能力促使平台不断优化数据分析报告，为用户提供更加丰富、精准的见解。

联邦快递与一些医疗保健企业合作，利用 FedEx Dataworks 平台为疫苗包裹的运输工作制定专属解决方案，分析并预测网络订单、包裹封装以及运输环境等方面的风险，提供实时信息。FedEx Dataworks 平台采用包裹指纹解决方案，提供包裹在运输网络中的详细历史记录，帮助企业区分准时和延误的包裹。有了该方案，企业就可以了解包裹何时以及在何处开始偏离预定路线，从而更好地避免包裹送错或延误等情况。

利用人工智能算法构建数智化平台，及时处理物流体系运转过程中产生的实时数据，企业可以归纳导致相关环节出现问题的因素组合，分析不同组合对物流体系的潜在影响，从而预测物流体系在未来一段时间内可能面临的风险和变动。在此基础上，人工智能利用其深度学习能力掌握所有因素组合，分析其出现的可能性，有针对性地提出应对策略，进一步确保物流体系安全、可控。

综上所述，人工智能与物流体系的结合能够提升物流体系的智能性，帮助企业打造具备较高弹性的数字物流体系，使其在市场竞争中占据有利地位。

9.2.2 物联网：驱动数字物流智慧化发展

物联网是支撑数字物流实现的关键技术。有了物联网的支持，物流运输的整个环节可以实现连接与可视化管理，提升物流运输的安全性与效率。

物联网可以从多方面提升数字物流的智慧性，如图 9-2 所示。

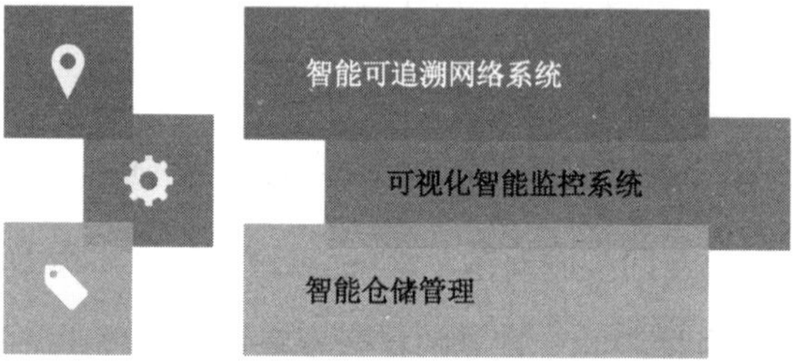

图 9-2 物联网提升数字物流的智慧性

1. 智能可追溯网络系统

物联网能够助力物流企业构建高效、精准的智能可追溯网络系统，如食品追溯系统。这一系统的建立，为食品安全提供了强有力的物流保障。消费者只需扫描食品包装上的二维码，便能轻松获取食品从打包、分拣、仓储、装卸、运输到配送等全流程的详细信息。这种透明化的物流服务，不仅增强了消费者对食品安全的信心，还助力物流企业树立良好的信誉，进一步推动了物流行业的健康、持续发展。

2. 可视化智能监控系统

在物联网的支持下，物流企业可以构建起可视化智能网络系统，实现物流运输过程可视化。借助全球定位系统、卫星导航系统、传感技术等，企业可以对运输过程中的车辆及工作人员的工作进行监控，实现物流运输的可视化管理。同时，企业也可以借助物联网实现对货物所处环境，如温度、湿度等的监控，进而保证货物质量。

3. 智能仓储管理

企业还可以借助物联网搭建智能仓储管理中心，提升仓储管理效率。例如，企业可以在智能仓储管理中心搭建自动化运输、自动化分拣系统，利用先进的物联网设备，加强对货物出入库的管理，提升货物配送的效率。

总之，物联网可以从多方面赋能物流运输，提升物流效率和物流管理水平，使企业的物流服务更加高效、安全。

9.2.3 大数据：盘活数据，助力智慧仓储

数字物流可以通过智能调控优化仓储管理，降低运输成本和货物损耗，提高物流效率。而这离不开大数据的支持。

货物的运输过程相对复杂，需要经历出库、运输、转运等多个环节，每个环节都会产生大量数据。在这方面，企业可以通过使用基于大数据技术的智能仓库管理系统，有效提高仓储管理效率，降低运营成本。

智能仓库管理系统集成了自动化技术、先进的软件和硬件设备，提高了仓库管理的效率和准确性。它的功能主要包括以下几个方面。

（1）智能仓库通常配备了各种自动化设备，如自动化货架、输送带、AGV、机器人拣选系统等，可以实现自动搬运、存储和拣选货物，减少人工操作。

（2）中央控制系统是智能仓库管理系统的核心。它通过集成多种软件来监控和管理仓库的所有活动，包括库存管理、订单处理、货物入库和出库等。

（3）智能仓库管理系统通过传感器、扫描器和其他设备收集数据，这些数据包括库存水平、货物位置、员工效率等。通过分析这些数据，系统可以优化物流流程，提升库存水平。

（4）智能仓库管理系统能够实时追踪每件货物的位置和状态，确保库存数据的准确性。通过可视化界面，管理人员可以轻松监控整个仓库的运作情况。

（5）智能仓库管理系统与企业的 ERP 系统、供应链管理系统等集成，可以确保信息流和物流的无缝对接。

（6）利用大数据和机器学习技术，智能仓库管理系统能够预测未来的库存需求、识别潜在的问题，并提供决策支持，以优化库存和提高效率。

（7）智能仓库管理系统接入了监控摄像头和其他安全设备，能够监控仓库的安全状况，防止货物被盗窃或丢失。

智能仓库管理系统通过自动化技术和先进的信息系统，实现了仓库操作的高效、精准和智能化，极大地提高了仓库管理的整体效率和准确性。

9.3 一体化数字物流方案

在数字化浪潮汹涌的时代，物流行业面临着前所未有的变革与挑战。为应对挑战、紧抓机遇，一些企业制定了一体化数字物流方案，如智能补货、构建动态运输网络等，旨在通过数字技术的深度应用，实现物流的智能化、高效化。

9.3.1 智能补货：平衡供需关系

在没有应用数字技术之前，企业各仓库之间缺乏紧密的连接，库存管理的难度很大。为了不影响产品销售，企业往往会准备一定的库存，但各仓库缺乏连接可能会导致企业难以合理进行仓库间的管理调度，导致库存积压、企业运营成本提高等。

供需关系和产品的销售情况受到天气、价格、营销等多种因素的影响，进而影响产品的库存。如果企业可以建立补货模型，实现智能补货，就可以平衡产品的供需关系，避免产品短缺、产品积压等问题。利用补货模型实现智能补货，其实就是企业利用各种数字技术制定智能补货策略，具体步骤如下。

（1）分析业务需求和市场环境，在此基础上明确补货的目标，如减少库存成本、提高服务水平、避免出现缺货情况等。

（2）收集相关数据，包括历史销售数据、库存水平、产品信息、供应链周期、季节性因素等，然后清洗和处理数据，以确保其准确性和完整性。

（3）根据业务需求和数据特征选择合适的预测模型，如时间序列模型、机器学习算法模型等，后期根据业务变化开发或调整预测模型，以适应特定的业务场景。

（4）使用历史数据训练模型，通过交叉验证、扰动测试等方法测试模型的准确性和稳定性。

（5）根据模型预测结果制定补货策略，内容包括订货量、补货频率、安全库存水平等，同时考虑供应链的约束条件，如供应商的最小订货量、交货时间等。

（6）将补货模型集成到企业现有的供应链管理系统或资源规划系统中，确保系统之间的数据流动和数据同步共享。

（7）在实际运营环境中试运行模型，根据试运行结果和反馈对模型进行优化和调整。

（8）正式部署模型，并在实际运营中应用模型。在应用过程中，企业要持续监控模型的性能，并根据市场变化和数据规模变化对模型进行调整。

（9）定期回顾和评估模型的性能，根据业务发展和市场形势持续优化模型。

上述步骤通常需要跨学科团队的合作，包括供应链管理专家、数据科学家和IT专业人员，以确保模型的有效性和模型与业务的无缝对接。

9.3.2 构建灵活的动态运输网络

如今，商业环境处在快速变化中，对于企业来说，构建一个灵活的动态运输网络是至关重要的。这样的网络不仅能够适应市场和需求的变化，还能帮助企业提高效率，减少成本，助力企业为用户提供更好的服务。构建这样一个网络需要考虑多种因素，包括技术使用、数据分析、多模式运输策略、供应链协调及持续优化。

技术在构建动态运输网络中发挥着重要作用。通过整合物联网、AI、大数据分析、机器学习等技术，企业可以实现对运输过程的实时监控和管理。例如，AI可以用于预测运输需求、优化运输路线，在物流运输出现延误或其他问题时为企业提供解决方案。同时，物联网设备，如GPS追踪器，可以用于实时追踪货物，确保运输过程透明和可追溯。

数据分析能够助力企业构建动态运输网络。通过分析历史数据和实时数据，企业能更好地理解市场趋势、用户需求和运输过程中的问题，并据此对运输方案做出调整。例如，在需求高峰期，增加运力或优化库存管理，以保证供应链高效运转。

多模式运输策略可以极大地提升运输网络的灵活性。企业可以综合使用不同的运输方式，如陆运、海运、空运等，根据不同情况选择最合适、成本效益最高的运输方案。在企业遇到路线障碍、运输延误等问题时，多模式运输策略可以帮助企业快速调整计划。

在供应链中，供应商、制造商、物流服务提供商之间的紧密合作至关重要。这种合作关系可以提升运输网络的透明度，加强相互沟通，确保在运输出现问题时各方能够迅速响应。此外，企业与物流服务提供商建立紧密的合作关系，能够在市场需求发生变化时，快速调整服务水平和成本结构。

对运输网络进行持续优化是确保运输网络长期保持灵活性和动态性的关键。这意味着企业要不断评估运输网络的性能，并及时改进。无论是引入新技术，还是调整运输策略，目的都是提高运输效率，降低运输成本，提高用户满意度。

构建一个灵活的动态运输网络需要从上述多个方面入手，这样企业才能更快地适应市场变化，满足用户需求，在市场上保持竞争优势。

9.3.3 顺丰：全方位的智慧物流体系

在我国，顺丰是一家领先的快递物流公司，已经建立起一个全方位的智慧物流体系。具体来说，在仓储、运输、配送 3 个核心环节上，顺丰通过强大的技术整合能力和创新能力，展现了自己在物流领域的领先地位和前瞻性。

在仓储环节，顺丰采用了自动化和智能化的仓库管理系统，极大地提高了仓储效率和准确性。借助先进的自动化设备，如智能分拣机器人、自动化搬运系统和智能货架系统，相关人员的操作速度和工作质量得到显著提升。此外，仓库内部的物联网等技术可以对货物进行实时追踪和监控，极大地降低了分拣错误和搬运延误的可能性。智能化的仓库管理系统还能根据实时数据进行库存预测和分析，从而优化库存管理和空间利用情况，提升仓储效果。

在运输环节，顺丰展现了强大的技术优势和创新能力。顺丰有庞大的运输网络，包括陆运、空运和铁路运输，能够灵活地应对不同的运输需求。利用高度发达的物流信息系统，顺丰能够实时监控运输过程，确保货物安全、高效地运输。通过数据分析和机器学习，顺丰能够优化运输路线，预测并应对潜在的延误问题，从而大幅提高运输效率和时效性。

在最后一公里的配送环节，顺丰同样表现出色。顺丰不断探索并应用新技术，如无人机配送、自动驾驶车辆配送等，为提升配送效率和减少人力成本开辟新途径。此外，顺丰通过智能调度系统，实现了配送过程的优化。该系统能够根据交通状况、配送员位置和用户需求动态调整配送计划，这样不仅提升了配送速度和准时率，也提高了用户满意度。

总之，顺丰的智慧物流体系在仓储、运输、配送等环节上都展现出卓越的效率和创新能力。通过不断引入和应用新技术，顺丰提升了物流效率，也为整个物流领域的发展树立了标杆，为其他物流企业进行数字化转型提供了借鉴。

第10章

数字零售：零售新动能的激活与释放

在数字经济的助推下，一些产业逐渐从以业务为导向向以数据为导向转变，催生了新业态，数字零售就是其中的典型代表。数字经济的发展推动了传统零售向数字零售转型，变革了零售模式，同时也促进了跨境电商的发展。

10.1 数字经济推动零售转型

当前，数字化、智能化的技术手段在零售领域加速渗透，推动了零售的数字化转型。企业可以在数字零售模式下挖掘业务数据、用户数据等，以数据驱动决策。

10.1.1 数据驱动是零售数字化转型的核心

数字化浪潮已经到来，零售业正在经历前所未有的变革。在变革过程中，数据驱动成为推动零售业数字化转型的核心力量。数据驱动意味着企业要利用数据分析和洞察来引导业务决策，优化用户体验，提高运营效率，从而在竞争日益激烈的市场中保持领先。

例如，咖啡行业零售巨头星巴克的数字化转型就是通过数据驱动实现的。星巴克数字化转型的背后，是其对顾客数据的深入挖掘和应用。

通过其移动应用，星巴克不仅能够提供便捷的在线点单和支付功能，还能收集顾客购买行为、偏好、购买频率等数据。通过精准分析这些数据后，星巴克能够向顾客提供量身定制的产品推荐和促销活动，极大地提升了顾客的购买体验和品牌忠诚度。

此外，星巴克的数据驱动策略还延伸到供应链和库存管理中。通过分析销售数据和顾客行为模式，星巴克能够预测不同地区店铺的需求变化，从而更有效地管理库存和安排人员，在确保产品新鲜度的同时减少浪费。

星巴克还在AI技术上做出了创新性的尝试。其开发的AI平台Deep Brew可以自动化处理排班、库存管理等任务，使员工从烦琐的工作中解脱出来，让他们有更多时间专注于提升服务质量。AI技术的应用不仅提升了星巴克的运营效率，还为顾客带来了更加个性化、高质量的服务体验。

星巴克的这一系列举措展示了一个传统零售品牌如何通过数字化转型和数据驱动策略，成功地在竞争激烈的市场中保持领先地位。通过持续创新和优化顾客体验，星巴克不仅巩固了其作为全球领先咖啡品牌的地位，也为其他零售企业提供了宝贵的数字化转型经验和启示。

10.1.2 打造用户标签，实现用户数据价值

数字经济时代，数据成为一种新型生产要素。因此，用户数据成为企业获得竞争优势的关键。用户数据的核心价值在于其能够转化为用户标签，帮助企业深入理解用户，从而提供更个性化，更符合用户心理预期的服务和产品。如今，用户标签种类繁多，但每一种标签都承载着不同的价值。

（1）人口统计学标签。这是最基础的标签，包括年龄、性别、职业、教育水平等。此类标签虽然基础，但对企业理解用户的一般特征至关重要。

（2）消费行为标签。此类标签是根据用户的购买历史、浏览习惯、产品偏好

提取出来的。例如，频繁购买某一种产品的用户可以被标记为产品的“忠实粉丝”，而经常浏览产品详情页但很少购买的用户则可能被标记为“潜在用户”。

（3）心理特征标签。企业通过分析用户的购买决策和消费反应，可以推断出用户的心理特征，如价值观、生活态度等。这对制定符合用户心理预期的营销策略至关重要。

（4）社交网络标签。此类标签可以反映用户在社交网络上的行为和影响力。例如，具有高社交活跃度的用户可以被视为潜在的意见领袖。

（5）技术偏好标签。此类标签涵盖用户对电子产品的使用习惯和偏好，如常用电子设备、操作系统偏好等。这对推广电子产品、应用程序尤为重要。

用户标签的优势主要体现在以下多个方面。

第一，用户标签可以帮助企业更精确地定位目标市场和受众群体。通过分析用户标签，企业可以更好地了解用户，并据此打造更个性化的产品和服务。

第二，用户标签有助于企业优化营销策略。例如，通过了解用户的消费行为和消费偏好，企业可以设计更有针对性的广告和推广活动，从而提高营销效率和回报率。

第三，用户标签能提高产品和服务的个性化程度。通过分析用户标签，企业可以为用户提供定制化的购物体验，如个性化的产品推荐、定制化的购物界面等。

第四，用户标签是企业进行市场趋势预测和产品创新的重要工具。通过持续追踪和分析用户标签的变化情况，企业可以洞察市场趋势，从而进行产品和服务创新。

综上所述，用户标签在企业零售数字化转型中扮演着不可或缺的角色。它不仅帮助企业更好地理解和服务用户，而且促进了营销变革和产品迭代。在这个以数据为核心的时代，有效地打造和利用用户标签，是企业挖掘用户数据价值、提升竞争力的关键。

10.2 数字经济创新零售模式

数字经济的发展驱动了零售行业的创新，数字零售应运而生、蓬勃发展。数字零售具有不同于传统零售的特点与优势，其不是电商的延续，而是一种创新性的零售模式。

10.2.1 数字零售成为零售新模式

在数字化浪潮下，零售行业不断迭代，催生了数字零售新模式。数字零售具有 3 个特点，如图 10-1 所示。

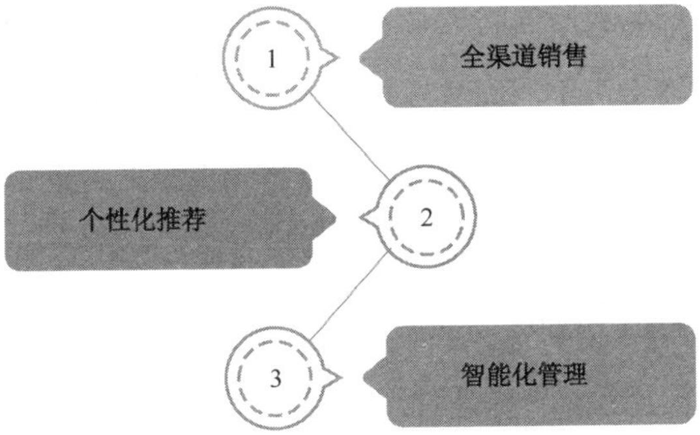

图 10-1 数字零售的特点

1. 全渠道销售

全渠道销售是数字零售的一个核心特点，打破了传统零售与电子商务之间的界限，为用户提供无缝对接、一体化的购物体验。在全渠道销售下，用户可以通过各种渠道购物，包括实体店、在线商店、移动应用、社交媒体平台等，而这些不同的渠道都被紧密地整合在一起。这意味着用户可以在一个渠道开始他们的购物旅程，然后在另一个渠道完成购买。例如，用户可以先在网上查看产品，然后在距离自己最近的实体店购买产品。

全渠道销售的实现依赖于强大的后台系统和技术支持，企业可以实时追踪产品库存，优化订单管理，提供优质的用户服务。此外，通过对用户在不同渠道的购物行为进行分析，企业能够更准确地把握用户的需求和偏好，进而为用户提供更个性化的产品。

总之，全渠道销售不仅为用户带来了更便捷、个性化的购物体验，也为企业提供了更多销售机会和更深入的用户洞察，是数字化时代零售业转型的重要方向。

2. 个性化推荐

个性化推荐是一种利用数据分析和智能算法来洞察用户，然后根据洞察结果为用户提供定制化产品或服务的策略。这种策略的核心在于收集和分析大量用户数据，包括用户的消费历史、浏览行为、购买偏好以及社交媒体互动情况等，从而深入了解用户的独特需求和兴趣。根据数据分析结果，企业可以向用户展示他们可能感兴趣的产品或服务，从而增加销售机会并提升用户满意度。

个性化推荐的应用不仅限于推出用户可能喜欢的产品，还包括为用户提供个性化的营销信息、优惠券、购物体验和服务等。例如，基于用户的历史购买记录，数字零售平台可以为用户推荐类似或相关产品。此外，个性化推荐系统还可以根据用户实时行为来调整推荐内容，以及时满足用户的购物需求。

实现个性化推荐的关键在于高效的数据处理与分析，以及先进的智能算法。随着 AI、机器学习等技术的发展，个性化推荐变得更智能、更精准。一些智能推荐系统已经可以自动学习用户的偏好与实时行为，从而不断优化推荐结果。

个性化推荐是一种以用户为中心的营销策略，它通过提供个性化的购物体验来提升用户的满意度和忠诚度，为企业带来更高的转化率和销售额。

3. 智能化管理

智能化管理是零售业的一大转型趋势，它通过集成最新的技术来优化企业运营流程和提升用户体验。在智能化管理框架下，从供应链管理到服务管理，每一个环节都得到了技术的加持。

利用大数据分析、AI、机器学习、云计算等先进技术，企业能够实时追踪和分析销售数据，从而更精准地预测市场趋势和用户需求。这不仅可以帮助企业减少库存积压，避免出现断货情况，还能够在产品推荐和营销策略上实现高度的个性化和定制化。

智能客服系统和聊天机器人的引入，使得企业与用户之间的关系变得更密切。智能客服 24 小时在线，可以及时响应、解决用户的问题，变身用户的“小助理”。

在后端运营方面，智能化管理通过自动化工具提升了运营效率和运营决策的准确性。例如，在价格设定、促销活动安排、财务报告撰写等方面，引入自动化工具可以减少人工干预，降低错误率，同时提高操作的一致性和可靠性。

数字零售的智能化管理是零售行业应对数字化带来的挑战的重要策略之一。它不仅使企业更灵活、更高效地应对市场变化，还进一步优化了用户的购物体验。

10.2.2 传统零售企业的数字化再造

在我国进行零售数字化转型的企业中，永辉超市是一个典型。永辉超市是一个著名的大型连锁超市，面对激烈的竞争和消费者需求的快速变化，其采取了一系列创新措施，成功地从传统的大型零售商转型为一个融合线上与线下的全渠道零售商，在数字化时代实现了零售转型和升级。

1. 线上平台的发展

永辉超市的数字化转型始于打造自己的线上购物平台。当 App 刚刚兴起时，永辉超市便推出了App“永辉生活”，使消费者能够在手机上浏览和购买产品。“永辉生活”不仅为消费者提供传统的食品和日用品，还销售生鲜、熟食和其他高品质产品。通过“永辉生活”，永辉超市不仅拓宽了自己的销售渠道，还打造了一种更便捷、更快速、极具科技感的购物方式，满足了消费者的即时购物需求。

2. 线下门店的数字化改造

永辉超市在线下门店实施了一系列数字化改造措施。例如，永辉超市在线下门店部署了各种智能系统，包括智能货架、电子价签、自助结账机等，提高了购物效率和消费者体验。在一些线下门店，永辉超市甚至尝试了无人收银和人脸识别支付，缩短了消费者排队结账的时间。此外，通过在线下门店部署智能分析系统，永辉超市能够实时监控库存和销售数据，及时调整货物布局和补充库存，保证产品的新鲜度和品类多样性。

3. 大数据分析的应用

在数字化转型的过程中，永辉超市非常重视数据的价值和作用。通过收集和分析消费者的购物数据，永辉超市可以更准确地了解消费者的需求和偏好。这些数据不仅帮助永辉超市优化了产品的品类，改善了线下门店的库存情况，还使其能够为消费者提供更个性化的产品推荐和促销活动。

4. 供应链的优化

永辉超市在供应链管理方面也进行了积极探索。引入先进的物流管理系统后，永辉超市能够更高效地完成产品的存储和配送，确保产品的质量和新鲜度。同时，通过与供应商的紧密合作，永辉超市在确保产品质量的同时，还能够更快地响应市场和消费者需求的变化。

5. 全渠道整合战略

永辉超市的全渠道整合战略是其数字化转型战略的重要组成部分。通过线上平台和线下门店的紧密结合，永辉超市为消费者提供了优质的无缝式购物体验。无论是在线上平台下单到线下门店自提，还是在线下门店体验后通过线上平台购买，消费者都可以享受到便捷、高效的服务。这种线上与线下结合的模式不仅提升了消费者的满意度，也增强了消费者的黏性。

6. 持续创新和探索

永辉超市在数字化转型的过程中不断探索新技术和新商业模式，如社区团购、在线直播带货等。通过这些新尝试，永辉超市进一步拓宽了业务范围，吸引了更多的年轻消费群体。

永辉超市的数字化转型是一个全方位、多层次的过程。它不仅包括技术的引入和应用，还涉及业务模式和管理模式的创新。通过一系列措施，永辉超市成功地升级为一个现代感和科技感兼具的全渠道零售商，成为零售业中的数字化转型典范。

10.3 数字经济促进跨境电商发展

数字经济为跨境电商的发展提供了数字技术和基础设施支持。同时，数字经济推动了全球范围内的商业往来，为跨境电商提供了更大的发展空间。企业需要抓住这一机遇，借势获得更大的发展。

10.3.1 数字经济下，跨境电商迎来发展

数字经济时代，跨境电商迎来前所未有的发展机遇。

第一，随着经济全球化发展的加速和技术的不断进步，跨境电商成为连接全

球消费者的重要桥梁，为企业开拓国际市场提供了新引擎。在经济全球化的大背景下，消费者的需求变得更多样化，一些消费者对外国的产品很感兴趣。而跨境电商则为企业提供了一个展示和销售产品的国际平台。

无论是电子产品、时尚服饰，还是美妆产品，跨境电商都能帮助这些产品跨越地理界限，抵达全球消费者的手中。这不仅满足了消费者对多样化产品的需求，也为企业带来了更多商机和利润增长点。

第二，技术不断进步极大地提升了跨境电商的便利性。互联网、移动支付、大数据、AI 等技术的应用，使得跨境购物变得更简单、更便捷、更高效。消费者可以在网上浏览、对比和购买来自世界各地的产品，而企业则可以通过数据分析更好地把握消费者需求和市场发展趋势，从而进一步优化营销策略和供应链管理。

第三，各国政府和国际组织在推动跨境电商和数字经济发展方面发挥着积极作用。许多国家都出台了支持跨境电商发展的政策，包括出口退税、简化海关审查入境程序、跨境电商物流补贴等。这些政策促进了贸易自由化，为跨境电商的发展创造了有利环境。

但跨境电商的发展也面临着文化差异、物流配送延误、法律法规与政策限制等诸多问题。因此，企业在实施跨境电商战略时要深入了解不同国家的文化和消费习惯，制定有针对性的本地化战略。

总之，数字经济时代的到来为跨境电商带来了巨大的机遇。在这个全球互联互通的时代，跨境电商不仅是企业实现国际化发展的重要途径，也是推动全球经济增长和促进文化交流的重要力量。随着技术的进步和国际合作的加深，跨境电商的未来发展空间将更加广阔。

10.3.2 从粗放运营转向精细化运营

当前，跨境电商面临着市场需求变化快速、运营成本居高不下等难题。跨境电商依靠流量、铺货和直发的粗放运营模式已经难以满足时代发展要求。而借助多元化的线上渠道、先进的数字技术等，企业可以变革跨境电商发展模式，从粗放运营模式向精细化运营模式转变。

跨境电商精细化运营能够帮助企业以更少的投入获得更多回报。在流量越来越贵、消费者选择多样化的形势下，只有实现精细化运营，企业的盈利能力才能提升。具体而言，企业可以从以下几个方面出发，实现跨境电商精细化运营，如图 10-2 所示。

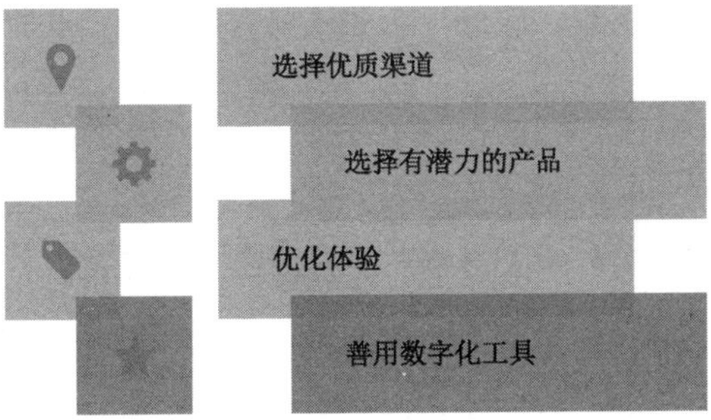

图 10-2　企业实现跨境电商精细化运营的方法

1．选择优质渠道

选择优质的渠道对企业顺利开展跨境电商业务至关重要。企业可以通过以下数据，分析渠道是否优质、是否适合自己。

（1）根据访问量、消费者数量等衡量渠道规模。

（2）根据新消费者增长数据衡量渠道的拉新能力。

（3）根据跳出率、平均停留时长等衡量渠道获客的质量。

（4）根据加购数、加购率衡量渠道留存消费者的能力。

（5）根据销售量、电商转化率、客单价等衡量渠道消费者的购买能力。

2. 选择有潜力的产品

要入局跨境电商，企业在选择产品时必须进行深入的市场趋势与需求分析，了解市场将如何发展，以及消费者的偏好和需求。企业可以使用调研工具，如Google Trends，来识别特定区域的流行趋势和需求。企业还要进行竞争对手分析，找到市场上那些表现良好的竞争对手，了解它们的产品线、定价策略和市场占有率，识别市场缺口和潜在机会。

对于企业来说，文化适应性也是一个很重要的因素。企业要考虑产品是否符合目标国家的文化和价值观。此外，企业还要考虑供应链和物流的可行性，特别是销售易碎、易腐或体积大的产品，这一点更重要。企业最好选择销售易于运输且成本低、效益高的产品。

法律和政策合规是另一个关键点。企业要确保产品符合目标国家的进口政策和规定，包括安全标准、标签要求和其他相关法律。另外，产品的售后服务也很重要，企业要考虑产品的质量保证和售后服务支持，以提高消费者满意度，赢得消费者信任。

企业还要关注产品的创新性和独特性，选择那些能够提供独特价值或解决特定问题的产品，以区别于市场上的现有产品。通过综合考虑这些因素，企业可以选择出既符合消费者需求又有竞争力的产品，成功开拓国际市场。

3. 优化体验

优化跨境购物体验是企业提升跨境电商业务竞争力的关键。

第一，建立多语言网站至关重要。这样可以确保不同国家的消费者能够以本地语言浏览产品和购物。

第二，在产品展示方面，企业要提供全面的产品信息，包括高质量的产品图片或视频、详细的产品描述等，以帮助消费者更好地了解他们感兴趣的产品。考虑到文化差异，企业还应该对产品详情进行本地化调整，以符合不同国家消费者的文化习惯和消费偏好。

第三，企业要为消费者提供多样化的支付选项，包括国际信用卡和不同国家流行的支付方式，如 PayPal 等，以满足消费者的个性化支付习惯。企业还应该在产品页面上显示关税和额外费用，让消费者清楚地了解总成本，避免因交易时产生隐藏费用而引发纠纷。

第四，在物流方面，企业要尽可能地提供多种物流选择，并为消费者提供实时物流追踪服务，让消费者可以随时了解订单状态。

第五，在服务方面，企业应该设立多语言服务中心，确保能够及时响应和解决不同国家消费者的咨询和问题。此外，考虑到跨境购物的复杂性，企业要为消费者提供简单、高效的退货方式和流程，增强消费者的信任感。

通过以上措施，企业可以显著提升消费者的购物体验，确保消费者在消费过程中的满意度和忠诚度，从而在竞争激烈的全球市场中脱颖而出。

4. 善用数字化工具

企业发展跨境电商业务，要依赖多种数字化工具来提高效率和市场竞争力。

（1）Shopify 等跨境电商平台可以帮助企业创建和管理线上商店，为企业进行产品展示、订单处理和支付系统集成等工作提供支持。这些平台通常配备 SEO（Search Engine Optimization，搜索引擎优化）工具，可帮助企业提升线上商店在全球范围内的可见性。

（2）Google Analytics 等市场分析工具可以为企业提供消费者行为洞察服务，让企业更好地理解市场，根据不同国家消费者的需求优化营销策略和服务。

（3）社交媒体管理工具让企业能够高效管理多个社交媒体账号，提升品牌影响力。

（4）客户关系管理系统帮助企业管理消费者信息，实现营销和服务流程的自动化与数字化，使企业和消费者建立更紧密的关系。

（5）PayPal 等支付工具可为不同国家的消费者提供更方便、更快捷的支付选择，更好地满足全球消费者的需求。

（6）Flexport 等物流和供应链管理工具可以帮助企业在全球范围内运输货物，并实时追踪物流状态，确保产品及时送到消费者手中。

（7）MailChimp 等电子邮件营销工具可以帮助企业创建、发送和分析电子邮件广告，更好地维护消费者关系。

（8）Avalara 等税务管理工具则帮助企业处理国际税务问题，确保税务合规。

有了这些数字化工具，企业就可能在全球市场中高效运营，为消费者提供优质的服务。在数字经济的发展趋势下，只有通过技术和工具实现精细化运营，企业才能在竞争激烈的跨境电商领域生存和发展。

10.3.3 打造自有品牌，增强竞争优势

在数字经济环境下，数据定义制造，体验定义价值，商业竞争加剧。企业面对的竞争不再是单纯的产品的竞争、价格的竞争，而是生态的竞争。这就要求企业搭建自己的生态，从多方面提升竞争力。

同时，企业在进行营销时，也不能仅向目标群体传播产品信息，而应该向他们传递品牌理念，以获得价值认同，提高他们对品牌的忠诚度。在这方面，企业可以打造自有品牌，以聚焦消费者目光，塑造品牌力，构建品牌资产，从而进一步提高自己的竞争力。

很多在跨境电商领域布局的企业是传统工厂企业，拥有较强的生产能力，但对消费者需求的变化没有敏锐的洞察，跟不上市场发展趋势，无法精准地抓住消费者的痛点，生产具有针对性的产品。而且，很多消费者都关注品牌，但是很多

企业在品牌建设方面没有建树。

在跨境电商发展的新时期，企业应聚焦品牌发展，更多地向消费者展示自己的品牌，提升品牌价值和影响力。在这方面，企业应该从以下几个角度出发，打造更具价值的自有品牌。

1. 明确品牌定位

要做好跨境电商，企业必须深入理解不同国家的文化、消费者的消费习惯及需求，从而确定品牌的核心价值和差异化优势。此外，设计符合国际审美的品牌形象也至关重要，Logo、包装、产品等可以融入当地文化元素，以提升品牌的全球认可度和影响力。

2. 注册国际商标

开展跨境电商业务的企业需要注册国际商标，但注册国际商标前，企业应进行深入的市场调查和仔细的商标检索，以确保自己所选商标未被占用、不与现有商标冲突。这个步骤是至关重要的，因为不同国家有不同的商标注册规则和已注册商标。

确定好要注册的国际商标后，企业就要选择合适的注册渠道。对于多国注册，企业可以选择马德里体系。这是一个全球化的商标注册系统，允许企业通过单一申请，以较低的费用在多个国家注册商标。如果企业的目标国家不在马德里体系内，那就需要在每个目标国家分别注册商标。此外，企业要确保商标的分类正确无误，因为不同产品和服务需要分别注册不同商标，同时还要准备详细的商标描述和必要的文件，如商标设计图样、申请人信息等。

提交商标注册申请后，企业要密切关注审批进程，并准备应对可能出现的异议或反对意见。如果目标国家的商标局对商标提出异议，企业可能需要通过法律程序予以解决。一旦商标被批准注册，企业就要关注商标的维护和更新，包括支付续费费用，以及在必要时提交商标使用证明等。

注册商标是一个复杂的过程，涉及其他国家的法律规定。在此过程中，企业可以咨询专业的知识产权律师或代理机构，以顺利完成商标注册并有效保护自己的品牌。

3. 产品本土化设计

企业进行产品本土化设计是为了更好地适应和满足不同国家消费者的需求，提升产品的竞争力和吸引力。产品本土化设计主要包括以下几个关键点。

（1）深入的市场调研是本土化设计的基础，这涉及理解不同国家的文化、消费习惯、审美标准和法律法规。例如，对于亚洲市场，企业可能需要重视产品的实用性和多功能性；而在欧美市场，企业则可能需要关注产品的环保性和设计简洁性。

（2）产品本土化设计的关键在于调整产品特性以适应不同市场，包括修改产品的尺寸、颜色、材质、功能等。例如，电子产品在不同国家需要适配不同的电压和插头；服装需要考虑不同国家消费者的体型差异和风格偏好。

（3）在产品本土化设计方面，语言是企业应该考虑的一个非常重要的因素。说明书、功能界面等都应该使用目标国家的语言。同时，遵守当地的法律法规是至关重要的，特别是食品、医疗产品等领域，产品成分和标签都必须符合当地的要求。

（4）包装设计也需要本土化，不仅要符合当地的审美，还要考虑环保性和物流需求。

（5）产品本土化还涉及营销材料和广告的本土化。这不仅涉及使用当地语言，还包括调整营销内容以符合当地的文化和价值观。

（6）消费者反馈是产品本土化设计的基础和依据。收集并分析来自不同国家的消费者的反馈，可以帮助企业调整产品以更好地满足当地消费者的需求。例如，企业可以通过社交媒体和在线调研平台收集消费者的意见，然后根据这些意见进行产品迭代。

跨境电商产品的本土化设计是一个全面、严谨的过程，涉及从产品设计到营销、服务的很多方面。通过深入了解市场并调整产品以满足不同国家的消费者需求，企业可以提升其产品在全球市场中的知名度和影响力。

4. 打造品牌故事

在跨境电商领域，打造品牌故事是企业优化品牌形象、吸引消费者的关键。

首先，企业需要挖掘品牌的独特性，如独特的创始故事、产品的独特设计、与众不同的制造工艺、品牌蕴含的独特的文化内涵等。这些独特的元素不仅有助于将品牌与其竞争对手区分开来，还为消费者提供了与品牌建立情感连接的桥梁。

其次，考虑到不同国家的文化差异，故事需要适当进行本地化调整，以确保在不同市场中都能让消费者产生共鸣。此外，在讲述故事时，企业应该使用引人入胜的方式，如通过情感化的语言和生动的案例，使故事更有吸引力。

最后，故事的真实性和一致性很重要。如今，消费者越来越重视品牌的真诚和透明度，因此，故事应该以事实为基础，围绕品牌的核心价值展开。同时，企业应该通过社交媒体、视频网站等多种数字平台分享故事，与全球消费者建立更紧密的联系。

第11章

数字金融：金融产业格局的颠覆性变革

2023年10月，中央金融工作会议提出要“做好科技金融、绿色金融、普惠金融、养老金融、数字金融五篇大文章”。这是“数字金融”第一次被写入中央文件，此后，其重要性日益凸显。在大数据、AI、区块链、物联网等技术的推动下，数字金融逐渐颠覆传统的金融产业格局，催生出各种各样的创新性金融产品，更好地赋能经济高质量发展。

11.1 金融产业变革：技术+生态

数字经济时代，金融产业变革主要体现在技术、生态两个方面。一方面，技术在金融领域的应用推动了金融科技不断发展，各种先进的金融服务模式相继出现；另一方面，数字生态越来越成熟，推动了普惠金融的落地，实现了金融领域的创新与升级。

11.1.1 金融科技发展驱动金融创新

近几年，以数字化、智能化为特征的技术浪潮席卷全球，在此背景下，金融领域发生了巨大变革，催生出金融科技这一新事物。金融科技的英文是Fintech，是Financial Technology的缩写。因此，很多人将其简单地理解为Finance

（金融）+Technology（科技），认为其就是通过各类技术对金融领域的产品和服务进行创新。

其实，金融科技并不是“金融”与“科技”的简单相加，而是技术赋能金融领域所产生的一系列模式、业务等方面的升级，是技术与金融产业深度融合的必然结果。

具体而言，金融科技主要包括两个层面。第一个层面是可以为金融领域赋能的一系列新兴技术，如AI技术、大数据技术、以移动互联网和物联网为代表的互联技术、以云计算和区块链为代表的分布式技术、以生物识别为代表的安全技术等。这些技术迅速迭代，推动金融业务高速发展。

以AI、大数据技术为例，它们让金融业务走向智能化、自动化，使银行、保险公司等金融机构更好地理解客户的需求，提供真正适合客户的个性化产品和服务。例如，新华人寿保险股份有限公司（简称“新华保险”）基于AI、大数据技术打造了覆盖“出险—报案—申请—审核—支付”全流程的智能理赔服务体系，很好地解决了传统理赔周期长、速度慢等诸多痛点。

在“出险—报案”阶段，新华保险支持用户通过电话、柜台、微信、官网、移动App等多种渠道报案，为客户提供7×24小时不间断的线上咨询服务。

在申请阶段，新华保险推出“个人客户微信自助理赔”服务，客户可以随时随地在微信上提交理赔申请，而且账单金额没有限制。如果是符合特定条件的案件，客户甚至无须提交纸质单证，足不出户便能完成理赔申请。

新华保险还通过数据平台实现与部门医院信息系统的对接。这样新华保险就可以在获得客户的授权后，通过数据平台迅速、高效、即时地收集当事人在对接医院中的诊疗、检查、结算等信息。平台与系统之间实现了秒级响应，客户可以享受更快、更优质的服务，理赔流程也更简单。

在审核阶段，通过风险模型和数据分析算法，新华保险实现了审核的智能化。客户只要根据要求上传文件、照片、视频等，系统就会自动审核，审核效率得到很大提高。

在支付阶段，新华保险将理赔款即时支付范围扩展到理赔金额为1万元（含）以下的所有案件。大约80%的案件可以实现当日结案、理赔款当日到账，极大地缩短了理赔款支付周期，提高了客户的满意度。

客户可以通过微信、官网、移动App等渠道实时查询相关信息，如理赔咨询电话、理赔流程、理赔进度、理赔结果、到账金额等。新华保险真正实现了理赔的透明化和可追溯化，让理赔“看得见”“摸得到”。

第二个层面是上述技术推动的金融业务创新，包括大数据风控、智能投资顾问、量化投资等。以智能投资顾问为例，它通过先进的智能算法和大数据分析，为投资者提供个性化的投资建议和资产管理服务，从而驱动金融业务的创新和升级。

智能投资顾问能够为投资者提供更透明、更高效、个性化的服务，优化投资者的投资体验。智能投资顾问降低了投资门槛，让更广泛的群体能够享受到专业的投资管理服务，提高了投资效率和决策科学性，降低了投资成本和投资风险。此外，它也促进了金融产品的多样化发展，满足了不同投资者的需求。

综上所述，技术的发展加速了金融业务创新，金融业务创新推动了金融领域变革。如今，越来越多金融机构加入了探索数字金融新业务模式的行列，如打造智能风控系统、推出基于AI的智能金融客服等，并且取得了显著的成果。

未来，随着金融科技不断发展，技术将融入金融领域的更多环节，为金融机构在数字化升级、产品和服务创新等方面的探索提供支持。

11.1.2 数字生态赋能普惠金融

如今，金融机构，尤其是银行积极推动普惠金融的发展，旨在让更多人享受到贴心、便捷的服务。这些金融机构将服务广大目标群体作为工作重心，借助技术走出了一条普惠金融特色化发展之路，如图 11-1 所示。

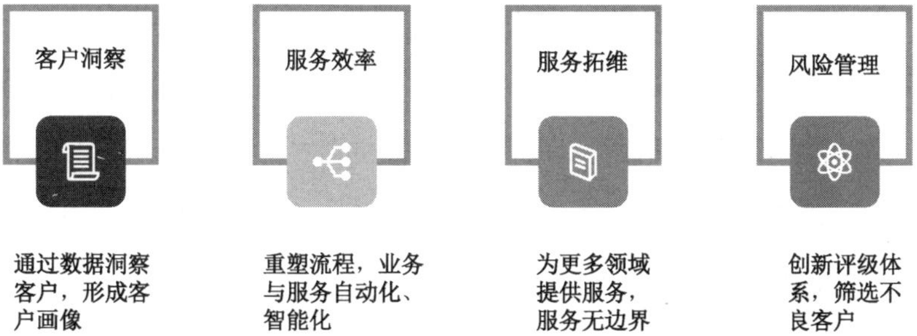
客户洞察
服务效率
服务拓维
风险管理
通过数据洞察客户，形成客户画像
重塑流程，业务与服务自动化、智能化
为更多领域提供服务，服务无边界
创新评级体系，筛选不良客户

图 11-1　普惠金融特色化发展之路

在提高客户洞察能力方面，金融机构借助技术，摆脱了之前以财务报告为主的客户管理模式。对内，金融机构对小微企业等客户的交易流水、工资总额、税务等数据进行分析；对外，金融机构收集政府及公共事业类数据、特色场景类数据。通过整合和交叉验证这些内外部数据，金融机构可以精准、迅速地洞察客户的经营情况和信用等级，绘制出客户画像，实现客户洞察的数字化与智能化转型。

在提高服务效率方面，由于普惠金融面对的客户多，而且覆盖面广，因此存在服务耗时长、半径小、成本高等问题。为此，很多金融机构深度挖掘数据，重塑工作与业务流程，支持客户在线上自动申请并办理相关业务，推动服务效率不断提高。

例如，农业银行推出线上与线下一体化服务模式，打造了与普惠金融高度匹配的客户服务平台“普惠 e 站”。有了“普惠 e 站”，开户、测额、贷款等业务都可以在线上自动、全流程、全天候办理，客户可以一键调取、实时导入电子营业执照，从而很好地解决虚假开户、联合骗贷、企业“被开户”、法人“被信贷”等诸多问题。

在服务拓维方面，AI、云计算等技术帮助金融机构将服务拓展到更多领域。例如，在乡村金融领域，建设银行打造“裕农通”乡村振兴综合服务平台，依托“裕农通”普惠金融服务点，把网点的窗口延伸到村口；在科创领域，建设银行打造科创金融服务体系，为创业者提供创业孵化、产业对接等创业全生命周期综合服务。

在提高风险管理能力方面，通过多模态数据、内存数据库，以及机器学习等技术，金融机构可以针对不同目标群体设计不同集成模型，形成个性化的现代信用评级体系，做到提前识别不良客户，打造业务健康发展的“护城河”。

我国中小企业众多，投标保证金占用企业经营资金一直是影响中小企业持续经营的一大难题。为此，广东粤财金科科技有限责任公司（以下简称“粤财金科”）开发了一个电子投标保函云平台，可在线评估企业资质信用并据此开具投标电子保函。

截至 2023 年，该平台已在 14 个地市上线，服务近 7 000 家企业，节省保证金 140 多亿元。该平台不仅助力广大中小企业纾困，更为招标单位吸引了更多的投标方，堪称普惠金融业务创新的典范。该平台在 2023 年“科创中国”金融科技创新大赛中荣获“金融场景生态建设创新专题赛项目奖”，笔者当年有幸作为粤财金科的 CTO（Chief Technology Officer，首席技术官）主导此项目。

毋庸置疑，技术让普惠金融有了新的、更深刻的内涵，但同时也带来了一些问题，如技术漏洞引发的黑客攻击、数据造假引发的金融欺诈等。因此，包括金融机构在内的普惠金融参与者都要增强风险意识，关注技术升级、数据管理与应用、客户权益保护、模型与算法安全等重要事项，牢牢地守住普惠金融的“生命线”，推动普惠金融向更好的方向发展。

11.2 数字经济时代孕育数字金融创新

现在已经进入数字经济时代，金融领域迎来创新和变革。例如，数字货币、数字银行等新事物的出现，为金融领域注入强大的活力，极大地激发了金融机构的创造力和变革积极性。

11.2.1 数字货币：强化交易安全性

2024 年 1 月，海口市以数字人民币的形式向市民发放了 400 多万元的离岛免税消费券，市民可以在规定期限内通过线上银行的个人数字钱包到免税店核销优惠券。此次活动推动了数字人民币在我国的应用，也让人们对数字货币的认知更具象化。

那么，何谓数字货币？数字货币的简称是 DC，即“Digital Currency”的缩写。作为中国人民银行发行的有法律效力的数字货币，数字人民币已经在我国多个城市进行试点发行，渗透了零售支付、跨境交易等多种应用场景。它是一种数字形式的货币，通常由中国人民银行发行和管理，与国家的官方货币等值。

与人们比较熟悉的实物货币相比，数字货币在很多方面都展现出了优势。

（1）数字货币能够简化交易流程，减少中间环节，降低交易成本。尤其是在跨境支付方面，数字货币有利于提高跨境支付的效率，推动全球贸易的发展。

（2）数字货币可以有效降低现金印制、管理、应用等成本，同时缩短货币的发行周期，提高货币的流通效率，有助于降低社会对实物货币的依赖。

（3）发行数字货币能够帮助监管机构更好地追踪资金流动情况，打击假币、洗钱、融资诈骗及其他金融犯罪活动，有利于维持金融领域的稳定性和安全性。

（4）数字货币支持离线支付，即在没有网络或者网络信号非常差的情况下，人们也能通过“点一点”“碰一碰”“扫一扫”轻松地进行手机支付或转账。这样就解决了一些偏远地区或特殊场景下线上支付难、无法线上支付等问题，提高了支付的便利性和普惠性。

（5）数字货币可以保护人们的隐私，让交易过程更安全。而且，支付是可控、匿名的，人们在消费时更放心。在区块链的支持下，数字货币不需要任何类似清算中心的第三方来进行数据分析和管理，交易流程更简单，交易速度更快。

此外，我国的数字货币——数字人民币还依托区块链形成了独特的“号码”标识。这意味着，数字人民币不仅能保护人们的隐私及信息安全，还能在出现违法资金收付等行为时为当事人和监管机构创造追溯条件。更重要的是，数字人民币还加强了“反逃税”“反洗钱”“反贪腐”管理，为“三反”监管提供了有效且实用的抓手。

数字货币对货币体系、支付市场、数字金融等都有非常重要的意义，可加速现金电子化和线上交易的发展，为数字金融的发展提供强大的支持。未来，随着数字货币的大范围推广，它将为全球经济进步和货币创新带来更多的机遇。

11.2.2 数字银行 4.0：无处不在的金融服务

银行是金融体系的重要组成部分，随着数字金融的发展，银行迎来了深刻变革。在经过电子化、网络化、移动化、数字化等趋势的“洗礼”后，银行步入了 4.0 阶段。

（1）“银行 1.0”阶段（1472—1980 年）：主要以线下网点为基础提供相应的服务，客户必须到柜台与柜员面对面办理业务。

（2）“银行 2.0”阶段（1980—2007 年）：计算机、互联网发展起来，银行将它们应用到相关业务中。例如，纸质存折变成了内嵌磁条的银行卡，客户可以跨城市办理存取款业务。

（3）“银行 3.0”阶段（2007—2017 年）：银行的业务开始向移动化、线上化的方向发展。随着智能手机的诞生和流行，以及通信技术的进步，很多银行都推出了自己的手机银行 App。客户可以随时随地通过手机银行 App 转账支付、投资理财、查询账户及往来明细等。

（4）“银行 4.0”阶段（2017 年至今）：AI、AR、大数据、云计算、物联网、

5G 等技术不断发展，极大地延伸了银行的“触角”，为整个金融领域带来了颠覆性的变革。在此背景下，银行与客户之间的连接不再局限于银行提供的各种服务，而是融入客户的日常生活中，无处不在。

另外，银行营业网点在“银行 4.0”阶段完成从柜台交易中心到营销和体验中心的升级。换言之，如今的网点已经不再是客户办理业务的地方，而是客户享受极致、贴心、高效服务的场景，而且这些服务是无须等待、业务全覆盖、智能化、自动化的。

“银行 4.0”的核心是数字银行，它比传统银行更“聪明”。第一，数字银行的业务功能几乎全部在线；第二，数字银行与数字媒体融合，让服务真正进入客户的生活；第三，数字银行可以精准地分析客户的需求，为客户提供个性化的服务。

作为“银行 4.0”阶段的典型代表，工商银行在业务数字化、智能化方面不断探索，并依托 AI、大数据等技术，打造贯穿前台、中台、后台的“智慧大脑”。同时，工商银行突破线上与线下之间的边界，推出“远程办”无接触式服务，使业务办理、同屏辅导的“屏对屏”服务模式实现真正的落地。

此外，工商银行还全面加速运营数字化转型，形成了人机协作的现代运营体系。例如，工商银行发布数字员工家族，打造 3D 数字人财富管理助手和生活服务管家，为客户提供智能化的服务。通过物联网、AI 等技术，并依托客户的各种数据，工商银行还融合了金融场景与生活场景，为客户提供一站式服务，实现了作业无人化、业务管理智能化与自动化。

除了工商银行外，众安银行有限公司（以下简称“众安银行”）也积极探索数字化转型。为了提高服务质量，众安银行推出了在线开户系统、卡交易系统等，并持续对这些系统进行迭代，为客户提供更便捷、更高效的服务。为了迎合时代的发展，众安银行不断加强技术创新和应用。例如，基于 AI 等技术，众安银行打造了一款很受欢迎的智能贷款助手——Omni Channel。

Omni Channel 可以和客户进行深入互动，了解客户在贷款过程中遇到的问题并为客户提供个性化的解决方案。同时，Omni Channel 可以自动识别各种结单 PDF 和图片，进一步提高贷款效率，保护众安银行的财产安全与客户的信息安全。

未来，随着技术的发展，“银行 4.0”将继续进化，数字银行的服务也将不断迭代和创新，覆盖更大的范围和更广泛的领域。工商银行、众安银行等金融机构也会深入探索转型新模式和金融新体系，争取为数字金融的落地和普及贡献更大力量。

11.3 智慧金融：数字金融的必然趋势

如今，数字金融的发展已经进入“深水区”，技术、数据、业务、场景之间的融合程度进一步提高。在此趋势下，金融机构加速向智慧金融的方向升级，智慧金融成为数字金融的必然发展趋势，极大地推动着整个金融领域的迭代和创新。

11.3.1 智能投资顾问：机遇与挑战并存

以往，传统的投资顾问采取的是一对一、面对面的人工服务模式，不仅需要耗费大量的人工成本，还经常受限于时间、空间等因素，导致客户的体验较差。而如今，随着技术与金融领域的融合程度不断加深，依托移动互联网、AI 等技术的智能投资顾问诞生并实现快速发展。

与传统的投资顾问相比，智能投资顾问有很多优势。

（1）效率更高，可以在很短的时间内理解并满足客户的需求。

（2）覆盖面广，可以通过大数据技术和机器学习实现全方位的风险管理和投资分析。

（3）依托 AI、大数据技术对比较复杂的投资产品进行智能分析，帮助投资者在实现风险和回报平衡的基础上做出更好、更科学的选择。

（4）能自动匹配投资组合与投资类型归属，通过对客户的历史数据进行分析，为客户提供更精准的投资组合管理、投资标的选择等方面的建议。

（5）基于智能算法实时收集数据，对市场表现、行业动态、政策趋势等情况加以分析，为投资者提供一幅极具个性化的“投资全景图”。

（6）根据大数据技术对数据的分析结果，自动实时调整投资策略，使投资策略与客户的投资特征和投资偏好相匹配，为客户提供更优质的体验和更精准的咨询服务。

智能投资顾问平台 Wealthfront 依托计算机模型和技术，自动为客户提供个性化的理财产品，制定各种各样的资产配置方案，同时还可以帮助客户完成账户开设、账户智能管理、投资组合自动评估等工作。这样不仅可以避免客户与理财顾问之间可能出现的利益与决策冲突，还能降低客户的理财与投资成本，使客户获得更多收益。

Wealthfront 有一大亮点：通过优化税务策略提高客户的投资回报。以资产配置为例，客户需要设置一个账户，并回答一系列关于个人财务、投资目标、风险偏好等情况的问题。基于客户对这些问题的回答，Wealthfront 会为客户提供个性化的投资建议。

然后，Wealthfront 会使用多种资产类别（包括股票、债券、房地产等）来构建一个分散化的投资组合。这个投资组合通常以现代投资理论为基础，旨在帮助客户实现最大化的长期回报，同时还会考虑到客户的投资偏好和风险容忍度。

随着市场的波动，投资组合可能会偏离目标资产配置。对此，Wealthfront 会自动调整客户的投资组合，使其与目标资产配置达到一个平衡的状态，以维持预设的风险水平。

为了进一步提高投资效率，Wealthfront 还为客户提供税收优化索引服务（只针对符合条件的客户）和税收损失收割服务 ，以帮助客户增加税务收益。

Wealthfront 获得税务收益的策略主要是税收损失收割。税收损失收割旨在通过出售亏损的投资品种来实现税收减免，然后用相似的投资品种替代它们，以维持投资组合的总体风险和回报。这样可以抵消其他资产收益的税务负担，或者减少普通收入税。

对于投资金额较大的客户，Wealthfront 会提供更进一步的服务，即直接在个股层面进行税收损失收割，而不仅仅是 ETF（Exchange Traded Fund，交易型开放式指数基金）或基金层面，以帮助客户获得更好的税务优化效果。这种做法通常被称为股票级别税收损失收割。

综上所述，智能投资顾问能为投资者提供科学、个性化的投资服务，便于投资者迅速做出投资决策，也可以通过自动配置资金，降低投资者的投资风险并提高其回报。但智能投资顾问在赋能数字金融智慧化发展的同时，也面临着一些挑战。

首先，智能投资顾问需要处理大量与客户相关的数据，因此在引进智能投资顾问前，金融机构必须思考和解决如何防止数据泄露、如何保护隐私安全等问题。

其次，智能投资顾问依赖 AI、大数据、云计算等技术，这就要求金融机构、科技巨头等参与者要解决技术可靠性的问题，以更好地保证服务的稳定性和安全性。

最后，为了预防潜在的金融风险，引进智能投资顾问的金融机构必须优化和完善业务流程，而开发智能投资顾问的科技公司则要采取谨慎的策略和措施，避免自己和客户遭受损失。

虽然当前智能投资顾问的发展面临一些挑战，但随着技术逐渐成熟与各参与者的积极探索，其必将迎来更好的发展。

11.3.2 量化投资：积极迎合数字时代发展

随着数字金融不断发展，作为一种与数字金融密切相关的投资策略，量化投资受到了广泛关注，并逐渐成为一个新趋势。所谓量化投资，就是以数据分析、量化模型及智能算法为基础，挖掘投资规律和市场发展趋势，根据客户的盈利预期和风险偏好，为客户提供匹配的资产组合策略，并通过智能交易系统自动完成交易。

在进行量化投资的过程中，系统可以根据市场变化，对资产组合策略和交易参数进行动态调整，以帮助客户达成资产增值的目标。基于量化投资策略，即使是缺乏知识积累和经验的普通投资者，也可以享受技术带来的便利。

量化投资的历史可以追溯到 20 世纪初期的美国。当时，一些大型投资机构开始将数学和统计学方法应用于股票与市场情况研究，以找到更多有价值的投资机会。

20 世纪 50 年代，量化投资逐渐在美国发展起来。20 世纪 80 年代，计算机技术快速发展，推动量化投资进一步发展。量化投资被更广泛地应用于股票市场，成为投资机构眼中的“香饽饽”。

如今，股票市场的数据变得更多，计算机、AI、大数据、云计算、物联网、深度学习等技术进一步升级，量化投资在全球范围内蓬勃发展。

在量化投资领域，Renaissance Technologies（文艺复兴科技）是一个经典案例。它是一家成立于 1982 年的著名的量化对冲基金公司，由数学家詹姆斯·西蒙斯（James Simons）成立，被誉为“量化投资先驱”。它借助复杂、极具现代感和科技感的数学模型和智能算法进行数据分析，在过去几十年中为客户带来了丰厚的回报。它旗下的旗舰产品 Medallion Fund（大奖章基金）自成立以来平均年化收益率高达 60%以上，让客户和其他投资机构惊叹。

Renaissance Technologies 的成功秘诀在于使用大数据分析和复杂的数学模型实现高频交易和高度的交易自动化。该基金公司通过分析全球金融市场的海量数据和信息，包括股价变动、交易量、利率、经济指标、新闻报道等，借助自己独创的数学模型和智能算法挖掘市场中各投资品种的微小差异，并预测市场走向。

Renaissance Technologies 聘请了来自数学、物理学和计算机科学等领域的顶尖人才，这些人才不断开发和优化算法，使得 Renaissance Technologies 能够在极短的时间内对市场变化做出反应，从而在高频交易中利用极小的价格优势获得客户的信赖，帮助客户提高回报。这种高度自动化的交易策略减少了人为干预和错误，确保了交易的效率和准确性。

除了具有技术和人才优势以外，Renaissance Technologies 还非常重视风险管理。例如，Renaissance Technologies 使用复杂的风险评估模型，考虑市场波动性、交易成本和流动性风险等因素，为客户制定能够最小化损失的投资策略。这种风险控制方法，再结合其在数据分析、模型开发和自动化交易方面的先进技术，使得其能够在不同市场环境中稳健获利，长期保持金融技术领导者的地位。

Renaissance Technologies 不仅在量化投资领域取得了巨大成功，还重新定义了使用技术和算法进行金融交易的方式。

通过 Renaissance Technologies 这一案例不难预测，未来，投资机构、投资交易者之间的竞争，将会是算法、程序代码之间的竞争，也是模型和智能交易系统之间的竞争。换言之，谁的技术实力更高一筹，谁就可以占据优势地位，获得更多超额收益和回报。

11.3.3 智能金融服务：多场景下的服务创新

如今是消费升级时代，客户对金融机构的服务提出了越来越高的要求，之前那种传统的服务模式已经难以满足他们的需求。作为一种新颖、现代化的服务模式，智能金融服务受到很多金融机构的追捧，甚至阿里巴巴、百度这样的科技巨头也在激烈地争夺智能金融服务市场的份额。

智能金融服务是金融领域智能化、数字化发展的一个具体表现，是金融服务发展的必然趋势。为了顺应时代的发展，很多金融机构都积极引入智能语音识别、自然语言处理、情感分析、机器学习、深度学习等技术，并深入各大场景挖掘智能金融服务的落地路径。

1. 营销场景

金融机构引进AI外呼机器人，可以持续不间断地向全球各地的客户宣传和推荐产品、介绍优惠活动、发送续保通知、进行结案支付跟进等。在几分钟内，AI外呼机器人就可以拨打上百个电话，而且用的都是标准话术，工作人员甚至还可以自定义AI外呼机器人的声音以提高接听率。AI外呼机器人还能自动分析客户的历史交易信息和行为数据，了解客户的习惯和需求，向客户提供个性化的交易方案和投资理财建议。

此外，AI外呼机器人还可以精准地识别客户的情绪和意图，将那些无效对话自动过滤掉，将对话的内容录音并实时储存起来；保留客户的信息和联系方式，方便工作人员后期回访。有了AI外呼机器人，金融机构的成功回访比例超过70%，月均人力成本节省80%，客户的满意度和转化率也得到了极大提高。

在营销文案创作方面，AI等技术也可以发挥作用，如AI产品“文心一言”。中银国际基金管理有限公司是“文心一言”首批生态合作伙伴之一，其用“文心一言”批量智能生成营销文案、广告图、宣传海报、宣传稿等，并进行内容优化和可读性校验，进一步优化营销效果，减少策划人员的工作量。

2. 客服场景

现在很多金融机构都引进了智能客服机器人，通过智能语音识别、自然语言处理等技术与客户进行深入互动，为客户提供账户查询、转账、理财咨询等服务。而且这些服务 24 小时不间断，极大地缩短了客户的等待时间，提高了服务效率。

对于客户提出的问题，包括一些比较复杂的问题，智能客服机器人能进行智能推理，并借助 AIGC 自动给出合适的回应，帮助客户迅速获得自己所需的信息。同时，智能客服机器人还可以根据客户发出的指令进行一些自动化操作。例如，在客户申请网上开户的过程中，智能金融客服会询问客户的身份信息并帮助客户完成开户申请流程，包括填写申请表格、上传必要资料等，代替工作人员为客户提供系统、高效的开户指导。

互联网保险公司 Lemonade 将保险与技术融合在一起，打造了一个基于 AI、ChatGPT 等技术专门面向客户的自动化索赔机器人 Jim，希望可以通过技术提高索赔处理的效率和速度。根据 Lemonade 披露的数据，大约 1/3 的索赔案件都是由 Jim 自动处理的，包括赔偿款支付和索赔申请拒绝，整个过程不需要人工介入。对于无法解决的案件，Jim 会将其转交给人类索赔专家进一步处理。Jim 在为专家分配案件时，会考虑到专家的专业领域、资历、工作量、时间安排等，以确保案件处理更高效。

除了 Jim，客户体验平台 CX.AI 也是一个不错的金融“助手”。CX.AI 致力于通过自然语言处理等技术快速解决客户的问题。无论是在购买前还是购买后，客户都可能会有各种需求，如更改保险金额、调整付款方式等，CX.AI 能够理解客户的询问和需求，自动为客户提供解决方案或引导客户完成相关操作，从而提升客户满意度，优化客户的消费体验。

Jim、CX.AI 的出现让企业看到了 AI 等技术在提高服务效率、处理客户问题以及提升客户体验方面的巨大潜力。通过将一些常规流程和任务进行自动化改造，企业能够更专注于为客户提供高质量的个性化服务，同时减少人力成本，降低错误率。

3. 风险管理场景

金融机构可以通过整合多方数据，依托 AI、大数据等技术以及大模型部署并动态调整风险监测预警系统，对电子渠道交易进行监控和风险评估，及时发现交易中的异常情况，以及高风险客户和恶意欺诈行为，有效保障电子渠道业务健康发展和客户的资金安全。

在金融领域，征信风控是一个非常重要的风险管理手段。度小满推出“智能化征信解读中台”，将自然语言处理、图算法、大模型等技术应用于征信报告解读与分析。该平台可以将客户的征信报告解读出 40 万维的风险变量，同时将银行风控模型的风险区分度提高 26%。这样不仅保证了征信报告的有效性和精准度，还推动了风控模式的创新与升级。

就现阶段而言，智能金融服务在营销、客服、风险管理三个场景中的应用较为广泛。随着技术与金融的融合逐步深入，未来，智能金融服务将拓展到更多场景中，金融机构的智能化水平和服务质量也将不断提高。

11.3.4 微众银行：全球领先的数字原生银行

2015 年 1 月，深圳前海微众银行股份有限公司（简称“微众银行”）作为我国第一家互联网银行，完成了我国第一笔线上贷款业务——一位货车司机足不出户获得了 3.5 万元的贷款。当时，微众银行刚刚起步，从零开始建立起一套融合了 AI、云计算等技术以及分布式数据库的 IT 核心架构。

作为一家没有线下网点、完全依托互联网开展业务的数字银行，微众银行凭借自己的努力，走出了一条区别于传统银行的智能化、自动化之路，并依托技术探索和普惠服务并举的顶层战略获得了巨大的发展，如图 11-2 所示。

技术探索
以技术促进业务升级与体系创新
普惠服务
专注小微群体，推出新产品

图 11-2　微众银行的顶层战略

1. 技术探索

借助先进的技术推动业务创新是数字银行发展的重要趋势。微众银行在 AI、云计算、区块链等技术的研究与应用方面不断攻关，依托技术实现业务创新。例如，微众银行基于开放蜂巢 Openhive 技术打造了一个自主可控的分布式银行系统架构。

该架构能帮助微众银行以较低的成本支持更多的客户与更高的交易量，同时能满足业务对高兼容性、低风险的需求。该架构上线以来，微众银行实现了 24×365 无间断运营，其产品的综合可用率已经超越电信级标准，达到 99.999%，单日交易笔数峰值超过 10 亿笔。

此外，在强大的技术支持下，微众银行解决了困扰金融领域已久的技术难题——“不可能三角”（大容量、低成本、高可用性），将每个账户每年的 IT 运维成本降低至 2 元，探索出了一个风险可控、成本可负担、商业可持续的普惠金融解决方案。

在技术开源方面，微众银行也进行了积极探索。对内，微众银行建立了包括组织架构、流程制度、工具平台在内的开源治理体系；对外，微众银行在多个领域推出开源项目。通过打造开源生态，微众银行实现了技术成果共享，推动了整个金融领域的发展与变革。

2. 普惠服务

微众银行一直在普惠服务方面深耕，推出了多款普惠金融产品，为个人客户和企业客户提供支付、存取款、理财、贷款等多项服务。

例如，为了推动金融普惠化，微众银行打造了我国第一个专门为小微企业提供贷款服务的全线上、纯信用的贷款产品——“微业贷”。企业只要通过手机、电脑等设备在“微业贷”上提出贷款申请并提交资料，系统就会自动完成审核，审核通过后就会立刻放款。整个过程是纯线上操作，无须抵押，而且非常迅速。即使在贷款业务的高峰期，“微业贷”的技术实力也可以支持在1分钟内完成上百家企业的贷款申请处理。

对于个人客户，微众银行推出了小额贷款产品“微粒贷”。“微粒贷”主打安全、应急、便利，客户可以在线上操作，而且无须提前准备任何纸质资料，也无须抵押。与“微业贷”相似，“微粒贷”的贷款流程也很简单，审核通过后1分钟左右，客户就能收到到账通知。

值得一提的是，针对视障客户，“微粒贷”还推出了信息无障碍优化项目，即支持语音读屏功能。有了该功能，视障客户就可以通过读屏软件匹配实现语音指挥操作。针对听障客户，“微粒贷”支持通过远程视频以手语的方式对客户的身份和贷款意愿进行审核，同时智能金融客服也可以帮助客户自动完成贷款流程，为其提供贷款前后的咨询服务。

技术探索让微众银行获得了强大的技术实力和竞争力，“微业贷”“微粒贷”

等普惠产品降低了金融领域的服务门槛，让更多有需求的个人和企业能享受到相应的服务。

微众银行的一系列成果已经获得了权威机构的认可，连续两年获得《亚洲银行家》“全球最佳纯数字银行”荣誉，也深刻地影响了其他银行对数字金融的认知，为其他银行践行数字金融提供了范例。

第12章

数字医疗：医疗生态圈的重新塑造

医疗领域的技术升级与应用速度往往要比其他领域更缓慢，因为其他领域的产品，如智能手机、iPad等，即使更新换代，也不会直接影响到人们的身体健康，而医疗领域的变革则与人们的健康息息相关。如今，人工智能、物联网等技术越来越先进，医疗领域有底气“敞开怀抱”，加快变革的步伐。在变革的浪潮下，数字医疗应运而生，为人们带来诸多便利。

12.1 数字医疗行业进入发展窗口期

技术引爆了数字医疗的发展和创新，越来越多的医院、科技公司等聚焦人们对数字医疗的各种需求，打造先进、高质量的数字医疗产品。在技术进步与多方探索的推动下，数字医疗已经进入发展窗口期。

12.1.1 技术融入，推动医疗领域变革

随着物联网、人工智能、VR、AR等技术的进步，数字医疗在医疗领域的很多场景中实现落地应用。数字医疗的核心是技术，基于先进的技术，数字医疗才可以在疾病诊断、疾病预测、手术等场景中发挥价值，给患者带来更多福利。

想要深入了解数字医疗，我们就需要详细拆解其技术架构。

1. 核心技术：AI、大数据等

数字医疗的核心技术之一是大数据技术。随着管理信息化的普及，越来越多的多元化数据被采集并得到应用。通过对这些数据进行分析，医院能获得更多与患者病情相关的信息，帮助医生更快、更精准地为患者做出诊断并制定治疗方案。此外，在系统化、信息化的医疗记录管理方面，大数据技术也可以发挥作用，提高医生的工作效率。

数字医疗所依托的另一个核心技术是 AI。基于 AI，科技公司可以开发出各种智能医疗设备，医院可以引进这些智能医疗设备，缩短患者的就医等待时间，提高医疗效率。同时，基于 AI 对患者数据的挖掘和分析以及对影像资料的解读，医生可以做出更精准的疾病诊断，制定更科学的治疗方案。

2. 配套技术：传感器、云计算等

除了 AI、大数据等技术，数字医疗还需要配套技术的支持，其中一个比较重要的技术是传感器技术。目前，传感器技术广泛应用于身体监测、健康评估等方面。例如，融入了传感器技术的智能医疗设备可以实时监测患者的心率、体温、血氧等数据，及时评估患者身体是否有异常情况，对相关疾病实现预测和提前治疗。

另一个重要的配套技术是云计算。通过自主打造或引进云计算平台，医院可以将数据、信息进行整合、归档、备份、安全储存、多科室应用等操作，从而进一步提高数据管理能力和信息共享能力。云计算的应用还有利于实现远程医疗，促进医疗资源在不同地区之间的合理分配。

3. 安全保障技术：信息安全、隐私保护等方面的技术

在医疗领域，保障数据的安全性和隐私性非常重要。无论是医院还是科技公司，都应该有数据安全意识，通过运用相应的技术避免涉及患者隐私的数据被泄

露或被非法利用。另外，数据的合法性和可靠性也非常重要。

区块链、信息加密、密钥管理、访问控制等安全保障技术，可以很好地控制数据的使用范围，保护患者的隐私。除了引进技术外，医院也应该制定一些规章制度来更好地保护数据和患者的隐私，以维护整个医疗领域的秩序稳定。

12.1.2 AI 药物研发助力医疗科研

药物研发领域有一个非常著名的“双十定律”，即研究人员要想成功研发一款药物，需要耗时 10 年、投资 10 亿美元。的确，长期以来，时间久、投入高、风险大、成功率低是药物研发的痛点，如今，AI、大数据、云计算等技术和生物医药技术的发展与融合，改善了药物研发的现状，帮助研究人员缩短了药物研发的时间，降低了成本，提高了成功率。

在数据收集与处理方面，以往，基因序列、蛋白质结构、疾病症状、病理生理机制等数据需要从生物医学数据库、文献资料、实验结果中收集，但这些数据通常格式不统一、量大，而且信息冗余，导致研究人员的工作难以开展。如今，AI 等智能技术可以帮助研发人员对这些数据进行清洗、整合和分析，极大地减少了研究人员的工作量，使数据收集与处理变得更简单、更快捷。

在药物靶点识别方面，传统的药物靶点识别方法主要依赖于实验和研究人员的经验，效率低、成本高。而 AI 则可以通过机器学习、深度学习等算法，对大量数据进行挖掘、分析，实现药物靶点的精准识别和高效预测。

例如，通过对基因序列和蛋白质结构进行分析，AI 可以精准地预测出潜在的药物靶点；根据研究人员对疾病症状的描述，AI 可以迅速识别出与疾病相关的关键生物学过程，为研究人员研发药物提供依据。

在药物筛选与设计方面，AI 可以通过计算机模拟技术，如量子化学计算、分子对接等，对大量的化合物进行虚拟化的筛选，从而极大地提高药物筛选的效率。

美国麻省理工学院和塔夫茨大学的研究人员联合设计出一种以大模型为基础的智能算法——ConPLex。ConPLex 可以将目标蛋白与潜在的药物分子匹配到一起，而不需要通过复杂、密集的步骤计算分子结构。使用这种方法，研究人员可以在一天内筛选上亿种化合物，比任何现有模型都更有效率。

在临床研究与试验方面，英国 AI 制药公司 BenevolentAI 使用 AI 等技术优化临床试验设计和执行过程，致力于在加速药物发展的同时提高药物研究的质量和效率。通过深度学习、自然语言处理等技术，BenevolentAI 可以快速分析大量生物医学数据，包括科学文献、电子健康记录、基因组信息等，以更精准地揭示新的疾病机理，找到潜在的治疗靶点。

BenevolentAI 旗下有一个 AI 平台，该平台能够预测不同患者对药物的反应，帮助研究人员设计更精准、效果更好的试验方案，并选择那些最有可能受益的患者进行研究。为了更快速、精准地找到符合试验要求的患者，在招募患者时，BenevolentAI 利用技术识别特定的生物标志物或遗传标记，使招募效率和试验数据的准确性都获得了极大的提高。

在药效评估与优化方面，AI 可以通过计算机模拟、数据分析等方法，预测和评估药物的疗效。例如，研究人员可以建立一个药物-靶点相互作用模型，通过 AI 预测药物的作用强度，然后再对一些重要的临床数据进行分析，了解药物的疗效和安全性。

可以预见，AI 和其他一些重要技术在药物研发中的应用前景将更加广阔。这些技术的应用不仅能够加速药物从发现到上市的过程，还能够提高研发效率，降低研发成本，帮助研究人员实现更高效、更安全的药物研发。为此，医药企业、研究机构等参与者要不断探索和实践，让各项技术在药物研发中的价值最大化地发挥出来。

12.1.3 精准医疗：为患者提供个性化治疗方案

在技术日新月异的今天，精准医疗的新时代已经到来。通过 AI、大数据等技术，医院可以对患者的基因、疾病类型、生活习惯等信息进行分析，为患者提供定制化、个性化的治疗方案，从而使治疗效果进一步提高，同时减少不必要药物的使用。

第一，在疾病风险评估方面，通过分析患者的遗传信息、病历数据，AI 等技术可以帮助医生预测患者患某个疾病的可能性和风险。如此一来，医生就可以尽早发现患者身体里潜在的健康问题并采取个性化的干预措施，从而更精准地为患者预防疾病。

例如，CT 肺结节智能筛查系统以病理结果为依据，可以对结节风险进行智能化的精准预测。同时，基于结节的基本信息，系统可以显示结节的风险评估等级，向医生重点提示那些风险高的结节（如图 12-1 所示），帮助医生进行精准决策。

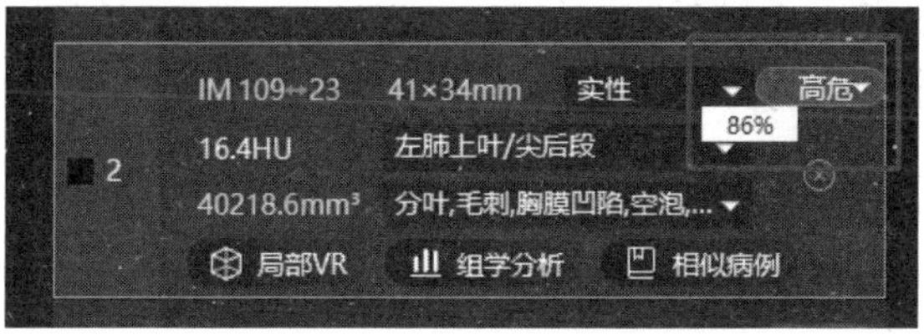

图 12-1 高风险结节提示

第二，在疾病管理与治疗方面，医生可以借助 AI 等技术快速了解患者的身体情况，迅速找出病因，有的放矢地制定治疗方案。例如，CT 骨折智能分析系统可以高效、精准地定位并标记肋骨与椎骨的位置标签，帮助医生“数肋骨”“数椎骨”，并实现错位性骨折、轻微骨折、重度骨折等多类骨折的秒级检测及分类。

CT 骨折智能分析系统还可以自动提示骨折类型，并为医生提供 MPR（Multi-Planar Reformation，多平面重建）三视图、VR 图、局部动态图等多种阅片视图，一键自动呈现骨折最佳视角，帮助医生迅速找到骨伤所在位置，节省大约30%～50%的病灶识别时间，使医生更快地完成骨折的诊断与治疗。

此外，CT骨折智能分析系统还能帮助医生自动生成影像检查所见及分析结果报告。这有利于缩短医生写报告的时间，减少医生的工作量，缩短患者的就诊时间。

第三，在药物治疗方面，传统的药物治疗往往不重视患者之间的差异性，导致医生开的药物有不良反应或疗效不佳。而基于AI等技术，医生可以根据患者的身体情况，如药物代谢能力等，为患者制定个性化的药物治疗方案，从而提高疗效，防止患者出现不良反应。

第四，在健康管理方面，根据患者的身体数据、生活习惯，AI、大数据等技术可以帮助医生为患者提供个性化的健康管理建议。例如，根据患者每天的运动情况、饮食偏好等，AI系统可以向医生推荐更适合患者的运动计划和营养方案，帮助患者更科学地进行管理健康。

第五，在心理健康支持方面，自然语言处理、情感识别等技术可以为患者提供个性化的心理咨询服务，帮助患者解决焦虑、抑郁等心理问题，并为患者提供有效的治疗方案。

第六，在康复管理方面，AI等技术可以为患者提供个性化的康复方案。例如，AI系统可以通过监测患者的运动姿势、肌肉活动情况、康复状态等，帮助患者及时调整康复训练计划，提高患者的康复效果，缩短康复周期。

综上所述，数字医疗的普及将使精准医疗成为现实，让患者享受更好的医疗服务。未来，精准医疗还将获得更进一步的发展和应用。

12.1.4 Alphafold 2：医学AI技术的颠覆性创新

近年来，技术驱动医疗变革与创新已经成为行业共识，医院、健康服务机构、科技公司等都为此而不断努力着。2021年，谷歌旗下的AI公司DeepMind发布了一个蛋白质结构预测模型——AlphaFold 2。在蛋白质结构预测上，AlphaFold 2 展现出了明显的优势，包括高可信度、高实验效率、低成本等，是人工智能技术在生命科学领域应用的一个新里程碑。

AlphaFold 2 不仅在生命科学领域掀起了一场不小的波澜，也成为 AI 在数字医疗领域落地的核心发力点。有了 Alphafold 2，科学家可以在短时间内精准预测蛋白质结构，了解蛋白质将如何折叠，其稳定构象是什么等。Alphafold 2 甚至可以帮助科学家从零开始制造蛋白质，即制造自然界中并不存在的蛋白质，这无疑是科学界的一大突破。

如今，世界各地的很多科学家都通过 AlphaFold 2 研究蛋白质问题。例如，加利福尼亚大学旧金山分校的研究人员用 AlphaFold 2 和低温电子显微镜对 Nsp2（SARS-COV-2 病毒中的一种蛋白质）进行分析。之前，研究人员对 Nsp2 的结构和功能都不清楚，但 AlphaFold 2 的预测结果显示，该蛋白质有锌离子结合位点，可以在 RNA（核糖核酸）结合中发挥作用。

非营利性药物研发组织 DNDi（Drugs for Neglected Diseases Initiative，被忽视疾病药物倡议）、华盛顿大学、邓迪大学、生物医药公司葛兰素史克也进行了合作研究，研究人员通过 AlphaFold 2 发现了一种特殊的分子，该分子可以和克氏锥虫（导致恰加斯病的寄生虫）上的一种蛋白质结合。研究人员希望可以深入研究这种蛋白质的结构，以便更精准地了解药物如何阻止克氏锥虫发挥作用。

以往，研究蛋白质结构需要花费很多年的时间，而且整个过程复杂而烦琐。但现在有了 AlphaFold 2，DNDi 及其合作者已经获得了蛋白质结构的预测结果。他们可以通过预测结果设计更多与该蛋白质结合的方式，并研发出更多杀死克氏锥虫、治疗恰加斯病的药物。

英国朴次茅斯大学酶创新中心也是 AlphaFold 2 的坚定拥护者。酶创新中心的研究人员制造出一种可以处理一次性塑料的蛋白质。在自然界，这种蛋白质其实是不存在的。如果没有 AlphaFold 2 的帮助，研究人员很难在短时间内制造出这种蛋白质。

通过上述案例不难看出，AlphaFold 2 的出现给生命科学领域、数字医疗领域带来了颠覆式创新，极大地提高了蛋白质结构预测的精准度和药物研发的效率。不过，AlphaFold 2 只是一个开始，虽然目前它在单个蛋白质结构预测方面已经取得了巨大突破，但在蛋白质复合物结构以及蛋白质相互作用方面，它仍然面临着一些难题。不过，随着算力和各类模型的不断发展，相信这些难题会被一一解开。

12.2 数字医疗的三大特征

数字医疗是一种将数字技术应用于医疗领域的医疗新模式，有设备智能化、管理信息化、服务便利化三大特征。基于以上特征，数字医疗能够优化医疗服务，带给患者更好的就医体验。

12.2.1 设备智能化：减轻医疗人员负担

智能医疗设备是数字医疗的重要支撑，也是数字医疗不可或缺的重要组成部分。如今，智能医疗设备种类很多，如智能心电图机、超声诊断仪、数字化内窥镜、数字减影血管造影机、仿生智能机械手等。这些设备不仅可以帮助医生更快速、更精准地分析、诊断患者的病情，还能成为护士的“好搭档”，帮助他们更好地对患者进行护理。

例如，融合了 AI、物联网等技术的智能心电图机可以高效、精准地判断患者的病情，实现即时诊断，并将诊断情况上传至云端；数字减影血管造影机可以减少手术过程中的对比剂消耗量，患者不至于那么痛苦，医生也可以更迅速地完成手术；在医生的监控或操作下，仿生智能机械手可以根据既定的手术方案，安全、可靠地实施手术。

在数字医疗的浪潮下，很多医院都引进了智能医疗设备。例如，西安一家医院引进了IQQA-Guide智能手术导航机器人，帮助医生进行穿刺活检、消融、放射性粒子植入等介入手术，让医生更快、更准、更稳地做手术，从而降低手术风险。

手术前，医生可以借助IQQA云平台对患者的病情进行评估和分析，精准定位病灶，了解病灶与周围血管、支气管段的空间关系，并据此制定更科学、更合理的手术方案。手术过程中，IQQA-Guide智能手术导航机器人可以实时追踪和显示穿刺针尖到病灶的路径、距离、角度等，帮助医生避开重要血管，防止患者出现术后感染、大面积出血等不良情况，更好地保护患者的生命安全。

除了诊断、手术阶段，智能医疗设备也应用于治疗阶段。例如，在肿瘤放射治疗上，技术发挥了很大作用。对于需要进行放疗，尤其是进行第一次放疗的患者来说，整个流程很复杂，耗时很长，涉及CT模拟定位、智能勾画、审核修改等多个环节。复旦大学附属肿瘤医院推出“All-In-One”一站式放疗方案，使放疗流程一步到位，把首次放疗的周期从23天缩短到23分钟，患者不需要再反复穿梭于医院和家之间。

其实，现在不仅医院中有智能医疗设备，很多人的家里也有，如智能手环、智能血压计、智能血糖分析仪、智能可穿戴设备等。这些智能医疗设备为人们提供了更方便、更快捷的健康检测和监督手段。有了它们，每个人都能记录自己的健康信息，了解自己的身体情况。在就医时，医生也可以据此提供更详细、更全面的可行性治疗建议。

12.2.2 管理信息化：提升医疗数据价值

管理信息化也是数字医疗的重要特征之一。如今，很多医院都引入了医疗信息管理系统，使挂号、检查、诊断、治疗等环节都实现了信息化管理。同时，患者在就诊过程中产生的数据，将直接存储在医疗信息管理系统中，为医生决策提供依据。

为了提高服务的效率和质量，改善患者护理情况，同时为了更好地保护数据安全和患者隐私，华中科技大学同济医学院附属协和医院（简称“武汉协和医院”）引进医疗信息管理系统。作为我国领先的医疗机构之一，武汉协和医院的医疗信息管理系统融合了最新的技术，其包含的系统特点和具体功能如下所示。

（1）电子病历系统。该系统是医疗信息管理系统的核心，可以帮助医院创建、储存、维护、访问患者的电子病历，包括病史、诊疗记录、检查结果、手术记录等，从而进一步提升电子病历管理的效率和准确性。

（2）医疗影像管理系统。武汉协和医院的医疗信息管理系统集成了医疗影像管理系统，允许医生轻松地访问和分享医疗影像资料，如 X 光、核磁共振成像和 CT 扫描结果等。这促进了医疗团队之间的协作，并加速了诊断过程，优化了患者的就医体验。

（3）药物管理系统。医疗信息管理系统中包含一个全面的药物管理系统，涉及药物采购、库存管理、处方调配、药物发放等多个环节，确保药物供应的安全性和高效性。

（4）检验信息系统。通过检验信息系统，实验室检验流程的自动化程度更高，包括样本收集、处理、分析的自动化，以及报告生成的自动化，有利于提高检验的效率和准确性。

（5）临床决策支持系统。医疗信息管理系统内置的临床决策支持系统可以为医生提供基于数据的医疗决策支持，帮助医生在诊疗过程中做出更精确、更合理的决策。

（6）预约和排队系统。该系统为患者提供了在线预约服务，极大地缩短了患者的等待时间，并优化了医院的资源分配情况。

（7）财务管理和报告系统。医疗信息管理系统还有财务管理功能，支持医疗费用计算、账单生成、支付处理等，以及生成各种运营和财务报告，帮助医院管理层进行决策。

此外，仅依靠人工操作的质量追溯管理模式已经不能满足医院管理的要求。江西省儿童医院引进消毒供应中心信息化质量追溯管理系统，实现了智能化、自动化的消毒供应。该系统内嵌AI、物联网等技术，可以对能重复使用的医疗物料进行清洗、消毒、灭菌等全流程的监控和追溯，不仅提高了消毒供应人员的工作效率，还很好地保障了医疗安全。

信息化质量追溯管理系统还可以记录和存储大量统计数据，这些数据可以为江西省儿童医院的感染控制、高值耗材、医疗设备维护等方面的管理工作提供相应的支持，帮助其改进工作，打造更安全、令患者放心的医疗环境。

未来，随着数字医疗领域管理信息化的不断发展，数据的整合、管理、分析将成为常态。这将很好地帮助医院提高服务的效率和质量，同时为个性化医疗和精准医疗的发展提供强大的数据支持，从而更精准、更高效地满足患者的个性化需求。

12.2.3 服务便利化：在线问诊成为趋势

数字医疗越来越火爆，在这个背景下，医院提供的服务趋于智能化、便捷化、人性化。如今，借助各项技术，患者足不出户就能享受到优质的医疗服务，如在线问诊。作为数字医疗的重要组成部分，数字医疗平台可以通过在线问诊的方式为患者提供便利。

如今，不少医院都引进了数字医疗平台，推出在线问诊服务，以满足患者的看病需求。例如，上海一家医院打造了数字医疗平台，患者登录该医院的数字医疗平台，进入“云诊室”界面，便可以自由选择相关科室的医生，开始在线问诊。

然后，患者可以输入病情介绍，并上传检查报告单，等待医生接诊。医生接诊后，平台会自动向患者的手机发送通知，提示患者医生已经接诊。患者选择“立即咨询”功能，就能和医生进行沟通和交流。如果想视频问诊，医生还可以向患者发送视频邀请，患者只要长按二维码，就可以进入视频问诊界面，与医生进行“面谈”。

问诊结束，医生会为患者开具处方，患者可以自由选择取药方式和支付方式。如果医生开具了检查单，患者可以直接在线上支付检查费，然后在相应的时间到医院检查。整个在线问诊过程非常方便，无论是医生还是患者，都既省时又省力。

医院积极打造数字医疗平台，一些科技公司也在为数字医疗的发展“添砖加瓦”。例如，杭州相芯科技有限公司推出智能医疗助手，并为其打造了虚拟形象。该智能医疗助手身穿白大褂、佩戴着工牌，形象十分专业，能够根据患者的提问给出专业的诊断和治疗建议。同时，它还具有生动的表情，在给患者带来更真实的问诊体验的同时也能够给患者带来精神安慰。而且，与真实的医生相比，它能做到 24 小时在线，提供全天候在线问诊服务，患者可以从中享受到更多便利。

未来，随着技术的发展与应用，在线问诊将变得更智能、更人性化。未来，也许每个人都会拥有专属于自己的智能健康顾问，随时随地享受个性化的医疗与健康服务。

12.3 建立现代化医疗生态圈

在数字医疗领域，技术发挥出越来越大的价值，其中一个比较明显的表现是，技术的发展和应用促进医院不同科室、不同医院之间的连接，推动数据和信息在更大范围内实现交换与共享。在此基础上，一个现代化、数字化的医疗生态圈逐渐建立起来。

12.3.1 电子病历：实现信息的数字化共享

在医疗界，数字医疗一直是一个热门话题。如果说数字医疗的发展是站在“巨人的肩膀”上，那电子病历就是其中一位“巨人”。什么是电子病历？顾名思义，就是以电子方式采集、整合、分析、储存、管理患者的病历，目的是提高医疗服务的质量和效率，减轻医生的工作压力。

如今，技术不断进步，电子病历在很多医院中得到广泛应用。它实现了纸质病历的数字化、智能化，在很多方面都比纸质病历更有优势。

（1）把烦琐、重复性的工作交给电脑，节省医生自己手写病历的时间和精力，同时提高信息和数据的准确度。这样医生就可以有更多的时间与患者进行深入的沟通和交流，为患者提供更有温度、更个性化的医疗服务。

如果医生不想打字，则可以通过语音识别、自然语言处理等技术，将自己的口述记录、文字记录自动转换为电子病历，从而进一步提高工作效率。医生也可以使用“文心一言”等智能软件自动生成电子病历，并对电子病历进行审核，从而减少自己的工作量。

（2）电子病历采取结构化、一目了然的信息记录模式，避免因医生的字迹潦草难以辨认而给患者造成困扰，有利于改善医患关系。

（3）通过电子病历，医生可以查询到患者所有的就诊记录，包括每次就诊的病历、治疗方案、处方、检查报告和结果（如 X 线片、心电图、脑电图等）、过敏史、免疫史等。试想，如果一个对某种药物过敏的患者没有及时将这一情况告诉医生或者刻意隐瞒，医生因不知情而误开了会导致患者过敏的药物，就会危害患者的健康。如果有电子病历，那么医生就能第一时间了解患者的过敏史，避免患者出现过敏反应。当然，医生也省去了很多麻烦。

（4）电子病历可以帮助社区医生管理慢性病。慢性病有治疗周期长、容易复发、难以治愈等特征。有了电子病历，社区医生就可以在相应的时间依托系统向患者发送通知，提醒患者及时复查。很多公共卫生项目，如国家性筛查项目、电子疾病通知、疾病爆发预测等，都需要电子病历提供技术和数据支持。

（5）在传统的就诊模式中，患者的病历只保存在本医院，如果患者到其他医院就诊，还需要重新检查。这不仅造成医疗资源的浪费，还导致患者付出了更多等待就诊的时间，可能会延误病情。而电子病历可以实现患者的病历信息通过网络在不同医院之间传输和共享，降低了人力和时间成本，提高了患者就诊效率。

毋庸置疑，电子病历的广泛应用让数据和信息的共享更便捷，是患者、医生及医院的“福音”。但同时，电子病历也带来了患者隐私保护的挑战。因此，医院在享受便利的同时，必须严格保护患者隐私，避免患者的数据和信息泄露。

在数据流通加快、信息互联的背景下，加强数据和信息安全管理显得尤为重要。在医疗领域，医院以及其他医疗机构要严格保护患者隐私数据，这样数字医疗才能够有效推行，医疗环境才更健康。

12.3.2 打造医疗数据库，实现数据互联

随着互联网、AI 等技术逐渐深入医疗领域的方方面面，医疗数据不仅包括病历、检测结果等诊疗数据，还包括药物研发、支付、医保等数据，如表 12-1 所示。

表 12-1 关键医疗数据

数据种类	数据特点	细分	主要来源
诊疗数据	完整性、结构化、标准化等有待提高	病历：病史、诊断结果/路径、用药等信息； 传统检测（影像、生化、免疫、病理等）； 新型检测（基因测序）	医院、诊所；检测机构、科研机构、云储存公司等

续表

数据种类	数据特点	细分	主要来源
研发数据	完整性好、结构化好、标准化好	医药研发数据：从临床前、一到四期临床、药品上市后研究； 科研数据：科研进展	医药器械研发公司、医院、科研机构等
患者数据	完整性、结构化、标准化等有待提高	体征类的健康管理数据； 网络医疗行为数据：寻医问药，医患交流	可穿戴设备、智能手机、互联网医疗公司终端等
支付数据	结构化好、标准化好、对接困难	患者支付记录； 报销、赔付记录； 医疗机构、流通厂商医药支付记录、支付数据	医疗机构、药店、互联网医疗公司、医院、社保部门、医药器械供应商等

之前，这些医疗数据都被零散地记录在一张张纸上，而随着AI等技术介入医疗领域，这些医疗数据能够以电子形式被存储下来，有助于打造医疗数据库。

在数字医疗系统、信息平台建设方面，医疗数据库可以为医院提供基础数据源，并帮助医院完成数据存储、分析、管理等。有了医疗数据库，以及数字医疗系统、信息平台，医院与医院之间就可以实现同级检查结果互认，节省医疗资源。患者也可以进行线上挂号与就诊预约，甚至可以实现异地就诊医疗保险即时结算。

在常见疾病临床诊疗方面，通过对医疗数据库中的数据进行分析，AI等技术可以为医生提供智能人机互动服务，如重复检验提示、药物过敏预警、药物疗效评估、个性化治疗方案、病情进展预测等，帮助医生提高临床诊疗水平。另外，医疗数据库还可以帮助医生识别哪些患者是某类疾病的易感群体，然后医生就可以提示患者尽早接受预防性干预。

在临床辅助决策方面，AI、大数据等技术可以对医疗数据库中患者的影像数据、电子病历、检查结果等进行筛选和分析，帮助医生高效、精准地获得类似症状患者的疾病机理、病因、治疗方案，从而使医生更迅速地完成疾病的诊断和治疗。

在医疗科研方面，医疗数据库可以为研究人员提供数据支持。例如，在健康危险因素分析的科研中，AI、大数据等技术可以帮助研究人员自动收集健康危险因素数据，包括医疗卫生服务因素、人类生物遗传因素等，并对这些数据进行比对关联分析，然后针对不同地区、不同家族进行评估和筛选，研究某些疾病发病的地区分布性、家族性等特征。

在药物副作用研究方面，AI、大数据等技术可以对医疗数据库中记录的海量数据进行挖掘和分析，找到大量患者服用某种药物的不良反应记录，从而使研究人员更科学、全面地了解这种药物是不是有副作用，以及副作用对患者身体健康的影响大不大。

在行政管理方面，医院的行政人员可以通过AI、大数据等技术分析医疗数据库中的管理类数据，包括门诊量、手术量、入/出院患者量、床位使用率、床位周转率、医疗设备使用率、医疗设备折旧率、患者分布情况、财务收支等。然后，行政人员可以将当前数据与同期数据、历史数据、同类医院数据进行对比，找出管理工作中的薄弱环节，有针对性地制定改进措施。

在AI与大数据等尖端技术引领的新纪元中，医疗数据库的重要性愈发凸显。它能够显著提升医院的运营效率与经济效益，为医院的稳健发展注入强大动力。

12.3.3 智能监测：实现完善的健康管理

智能监测是通过传感器、无线通信、AI等技术对人体的健康情况进行实时、全方位监测的一种数字化方案。过去，医生需要通过患者的病历和面对面交流了解患者的健康情况，整个过程既耗时、费力，还很容易出错，而且不利于维护医患关系。

而现在，智能监测系统可以实时监测患者的心率、血压、体温等生理指标，并将相关数据传输并存储到医院的医疗数据库中。这样不仅避免了信息滞后和人工错误，还提高了医疗服务的效率和质量，使得医生可以随时随地查看患者的健康情况。

此外，智能监测系统还可以对自己监测到的数据进行自动分析、整合，为患者提供更个性化、更精准的治疗方案。同时，医生也可以从智能监测系统提供的数据中获得大量信息，找出患病群体的共同点，或者发现不同疾病之间的联系，从而进一步降低医疗成本。

目前，一些科技企业已经推出了以传感器、无线通信、AI等技术为依托的智能监测系统。例如，聚焦疾病预测和健康管理的杉木（深圳）生物科技有限公司（以下简称“杉木”）推出了一款智能监测设备，该监测设备可以通过分析患者的尿液，实现对患者健康情况的监测。

市面上的很多可穿戴设备往往只能进行体表监测，难以对患者的身体代谢情况进行监测。而尿液中有丰富的细胞代谢产物，这些代谢产物与人体的健康情况密切相关，甚至很多疾病都可以通过尿液分析得出结论。因此，杉木的监测设备是以尿液分析为主的。该监测设备类似鼠标大小，可以放置在马桶内壁使用，便于收集和分析尿液，而分析结果则会上传至配套App。

除了监测、分析数据，智能监测系统还能满足患者全天候健康管理的需求，随时随地为患者提供帮助。例如，智能监测系统可以帮助慢性病患者监测健康数据，提高生活质量。目前，身患慢性病、需要每天进行健康监测的患者越来越多。医疗保健模式、家庭医生服务模式等难以满足这些患者的看病需求，甚至在一些情况下还可能出现延误诊治的情况。

智能健康监测系统为慢性病患者提供实时的疾病管理和健康指导，有利于加快患者的康复进程，降低慢性病急性发作和出现并发症的可能性。相关监测设备还能够持续追踪慢性病患者的健康状态，分析慢性病患者的健康数据以识别潜在风险，并向慢性病患者发出及时就医和维持健康生活习惯的提醒，甚至可以在出现突发情况时主动采取干预措施。

随着越来越多类似杉木这样的企业的不断探索，数字医疗将获得更强大的推动力。技术的持续创新和变革将催生更多为医生和患者带来福音的智能医疗产品，推动数字医疗进入黄金时代。